Elogios

«En años recientes, durante mis días más [...] meterme en mi cama y no tener que enfre[ntar ...] delante. Mi vida parecía demasiado diferente a lo que siempre imaginé y tenía una enorme necesidad de ajustarme a todos los cambios. En *No mires atrás*, Christine ofrece dirección para los que nos sentimos atascados en el dolor y en el pasado, pero que, aun así, queremos florecer mientras avanzamos hacia un futuro esperanzador. Este es un libro para sentarte contigo mismo y para compartir con tus seres queridos que también necesitan este aliento oportuno».

—LYSA TERKEURST, AUTORA DE *BEST SELLERS* #1 DEL *NEW YORK TIMES* Y PRESIDENTA DEL MINISTERIO PROVERBIOS 31

«El último libro de mi amiga, Christine Caine, es una obra maestra sobre el poder de la perspectiva. En *No mires atrás*, nos recuerda mantener fija nuestra mirada en lo más importante: el plan de Dios para nuestra vida. No siempre sabremos adónde nos está dirigiendo, pero podemos seguir avanzando en fe porque sabemos que Él nos ha preparado el camino».

—STEVEN FURTICK, PASTOR PRINCIPAL DE ELEVATION CHURCH Y AUTOR DE *BEST SELLERS* #1 DEL *NEW YORK TIMES*: *BLOQUEA AL CHARLATÁN, COSAS MAYORES* Y *(DES)CALIFICADO*

«*No mires atrás* está repleto de lo que todo el mundo necesita de forma desesperada en esta época: *esperanza*. Esperanza para el futuro gracias a la esperanza firme que solo se encuentra en Cristo. No hay una mejor voz para proclamar esto que la de Christine. Es una profetiza para nuestra generación y ¡estoy seguro de que este libro cambiará tu vida!».

—CARLOS WHITTAKER, CONFERENCISTA, NARRADOR DE HISTORIAS Y AUTOR DE *HOW TO HUMAN* [CÓMO SER HUMANO]

«Varios estudios recientes han concluido que gastamos hasta el 30 % de nuestra capacidad mental en pensar sobre el pasado, y aún más preocupante es que, cuando pensamos sobre el pasado, la mayoría de nuestros pensamientos gravitan hacia nuestros remordimientos. En *No mires atrás*, Christine Caine ofrece una caja de herramientas poderosa para redirigir nuestros pensamientos hacia lo que Dios nos ha llamado: el cielo. Este libro es el consejero que todos necesitamos en nuestros números frecuentes».

—NONA JONES, PREDICADORA, EJECUTIVA DE
TECNOLOGÍA Y AUTORA DE *KILLING COMPARISON*
[MATA LAS COMPARACIONES]

«La mayoría de nosotros nos hemos sentido atascados en algún punto de nuestra vida. Deseamos cambiar, pero no sabemos cómo hacerlo. Por fortuna, Christine Caine ha escrito *No mires atrás*. Repleto de sabiduría espiritual y de aplicaciones prácticas, este libro te capacitará y te inspirará para tomar verdaderos pasos de fe y vivir la vida que Dios tiene planeada para ti».

—CRAIG GROESCHEL, PASTOR FUNDADOR DE LIFE.CHURCH
Y AUTOR DE *BEST SELLERS* #1 DEL *NEW YORK TIMES*

«Cuando conozcas a Chris (y la conocerás en este libro), descubrirás a una mujer que pudo haberse quedado atascada mirando atrás hacia sus aflicciones, desventajas y traumas. Sin embargo, en vez de mirar atrás, está mirando hacia Jesús. Él nunca te dejará atascado. Obtén este libro. Devóratelo. Compártelo. Y vívelo».

—DOCTOR DERWIN L. GRAY, COFUNDADOR Y PASTOR
PRINCIPAL DE TRANSFORMATION CHURCH Y
AUTOR DE *THE GOOD LIFE* [LA BUENA VIDA]

«En algún punto de tu vida, es posible que te halles atascado y que te sientas tentado a quedarte donde estás o a volver a lo de antes. Con su característica voz profética, Christine Caine nos llama a avanzar en obediencia a Jesús. No hay forma de crecer sin dar pasos de fe. Su mensaje es personal para mí: Chris fue una voz importante en mi propia vida durante un momento en el que debía discernir un llamado a dar pasos de fe y de valentía. En su exposición de la Escritura y en las historias de su vida y de la de otros alrededor del mundo, sé que encontrarás fortaleza, sanación y esperanza para vivir con un propósito y libertad más grandes».

—GLENN PACKIAM, PASTOR PRINCIPAL DE ROCKHARBOR
CHURCH Y AUTOR DE *THE RESILIENT PASTOR* [EL PASTOR
RESILIENTE] Y *THE INTENTIONAL YEAR* [EL AÑO INTENCIONAL]

OTROS LIBROS DE CHRISTINE CAINE

Inconmovible

Inesperado

Inavergonzable

¿Cómo llegué hasta aquí?

CHRISTINE CAINE

NO mires ATRÁS

LIBERARSE Y AVANZAR CON PASIÓN Y PROPÓSITO

Grupo NELSON
Desde 1798

Para mis amadas hijas, Catherine y Sophia

«Acuérdense de la mujer de Lot».

JESÚS, LUCAS 17:32

Contenido

CONTENIDO

TERCERA PARTE:
LAS RECOMPENSAS DE AVANZAR

INTRODUCCIÓN

Hacia donde mires, avanzarás

«¡Señora Caine! Mantenga su vista hacia adelante. Deje que su visión periférica haga el trabajo. Use los espejos retrovisores. ¡Recuerde que hacia donde mire, avanzará! No quiero descubrirla mirando hacia los lados. No quiero descubrirla mirando hacia atrás. ¡La vista hacia adelante!».

El instructor de la clase de seguridad para motociclistas repitió casi todo lo que me había estado enseñando mientras yo salía de la última curva y me detenía. El ligero sentimiento de orgullo por haber superado con éxito la prueba de obstáculos que había diseñado con conos naranjas debió de haberse reflejado en mi rostro porque, antes de poder aceptar cualquier choque de puño de mis compañeros, el instructor añadió: «Y que no llegue a verla en la interestatal con ese juguete, aunque sea legal».

Con eso, todos se rieron, al igual que los dos días anteriores. Desde que llegué al «Curso de seguridad para motociclistas» de California en mi Vespa (con el equipo de protección entero, incluyendo coderas, rodilleras, botas y un casco que me hacía

parecer uno de esos muñequitos con cabeza gigante) y me aco-
modé entre los demás motociclistas, todos sencillamente me
miraron incrédulos. Me sentí bien recibida entre la mayoría de
los jóvenes de veintitantos que lucían sus motocicletas deportivas, pero resultaba difícil ignorar que, evidentemente, yo era la
mayor de la clase y la única que parecía estar casada y con hijos.

A medida que superaba cada ejercicio, poco a poco me
gané su respeto... bueno, al menos todo el respeto que se
pueda ganar al conducir lo que la mayoría de la gente define
como una motoneta. Me imagino que de haber estado en una
Ducati me habría ganado su respeto de inmediato, pero llegar
en mi pequeña Vespa significó que tendría que ganármelo. O,
al menos, que debía ver el lado gracioso y reírme de mí misma
tanto como ellos.

Era el otoño de 2020, cuando las cosas parecían estarse
relajando un poco después del confinamiento de la pandemia. El estado de California había reanudado su «Curso de
seguridad para motociclistas» porque podía realizarse en el
exterior y cumplía los requisitos de distanciamiento social. Y,
ya que no podía viajar mucho debido a las restricciones por la
COVID-19, tenía un poco más de tiempo libre en mi agenda.
De manera que, finalmente, me inscribí al curso al que había
buscado incorporarme durante años.

Lo que lo volvió algo aún más importante fue que mi
esposo, Nick, me sorprendió en mi cumpleaños número cincuenta con la Vespa, algo que había disfrutado inmensamente
cuando vivíamos en Australia. Allá tenía una de color rosado,
muy bonita, y la llevaba a todas partes. Sin embargo, cuando
nos mudamos a Estados Unidos, no nos resultó práctico

enviarla, de manera que tuve que dejarla atrás, aunque nunca dejé de extrañarla.

En el proceso de comprar la Vespa, Nick había investigado todo lo necesario y me informó que, si quería sacar mi nueva motocicleta del garaje, debía tomar un curso de manejo y aprobar un examen escrito. Aunque yo anhelaba simplemente intercambiar mi licencia de motociclista de Australia por una de California, eso no sucedería. Así que estudié y pasé el examen escrito con excelentes calificaciones. Sin embargo, el curso de manejo era un poco más retador, en especial porque la última vez que conduje durante un tiempo considerable, lo hice del otro lado de la calle. De todos modos, mi licencia de motociclista era indispensable si quería ser libre para conducir por donde fuera en Estados Unidos.

HACIA DONDE MIRES, AVANZARÁS

De todas las cosas que aprendí durante mi curso de seguridad para motociclistas, nunca olvidé una frase que mi instructor repitió en múltiples ocasiones: *Hacia donde mires, avanzarás.* Durante semanas después de mi curso, esta frase hizo eco en mi mente. Y, a causa de la COVID-19, la relacioné en especial con mi vida antes y después de la pandemia. Reconocí que mi tendencia natural era comparar la vida antes de la pandemia con la vida después de esta. Mirar hacia atrás, en vez de hacia adelante. Descubrirme expresando con frustración y a nadie en particular: «¿Cuándo regresaremos a la normalidad?».

Tal vez tú has dicho lo mismo. Cuando la pandemia nos sacudió y se extendió por todo el mundo en 2020 y bien avanzado 2021, ¿cómo no habríamos querido dar marcha atrás al reloj, regresar a la normalidad y hacer las cosas como siempre las habíamos hecho?

¿Qué cambió durante ese tiempo? Mucho más de lo que no cambió. En mi vida antes de la pandemia, mis hijos podían ir a la escuela. Nick y yo podíamos ir a la oficina a trabajar. Yo podía tener juntas en persona con mi equipo. Podía viajar libremente. Fue difícil aprender nuevas maneras de comunicarme vía Zoom, de hablar a una cámara en lugar de visitar iglesias, de luchar contra la trata de personas con todas las nuevas restricciones.

Fue entonces que reconocí que, hacia donde mirara, avanzaría. Hacia donde mi mente se dirigiera, yo avanzaría. Hacia donde mis emociones se dirigieran, yo avanzaría. Tenía que recordar mi propósito y mi llamado. Sin duda, mi forma de hacer las cosas tenía que cambiar, pero también necesitaba recordar que las promesas y los propósitos de Dios no habían cambiado para nada.

Todo esto me hizo pensar: *hay momentos en la vida de cada uno en los que miramos atrás y quisiéramos con desesperación que el tiempo se detuviera, en especial cuando se produjo un cambio inesperado.* ¿No fue eso lo que hizo la mujer de Lot cuando Dios envió ángeles para escoltarla a ella y a su familia y sacarlos de Sodoma? Ella miró hacia atrás y se convirtió en una estatua de sal.[1] No puedo esperar para presentártela en el capítulo 1, porque lo que he aprendido de ella y de mi propia experiencia es que nosotros tampoco podemos detenernos y mirar atrás. Hacerlo no resultó bien para ella y tampoco resultará para nosotros. Además, mirar atrás no nos permitirá *regresar* y, la mayoría de las veces, solo hace que nos quedemos *atascados*: en un lugar, en un espacio, en un recuerdo, en un hábito, en una mentalidad. Cuando estamos atascados, no podemos avanzar… porque no podemos dar pasos cuando nuestros pies están plantados en el mismo lugar.

Cuando Jesús nos invita a una relación con Él, es una invitación para seguirlo.[2] Cuando aceptamos su invitación, no sabemos adónde iremos, cuánto tiempo nos tomará ni lo que encontraremos en el camino… pero sí sabemos que nunca nos dejará ni nos desamparará.[3] Seguir a Jesús es una aventura, de un lugar a otro, no necesariamente en lo geográfico, pero sí en lo espiritual. Además, para seguir a Jesús, debemos ir adonde Él nos está dirigiendo y, por más que queramos, no podemos pasar todo nuestro tiempo mirando al lugar donde alguna vez estuvimos y, al mismo tiempo, intentando mirar hacia adelante al lugar adonde Él quiere llevarnos. En palabras del rey Salomón: «Miren tus ojos hacia adelante, y que tu mirada se fije en lo que está frente a ti».[4]

La vida está llena de vuelcos y de giros inesperados, de rodeos y de dilaciones, de paradas sorpresivas que desvían nuestra concentración. En años recientes, hemos tenido muchos de ellos, sin importar el lugar del mundo en que vivamos. Hemos tenido que descifrar la vida en medio de una pandemia y de todas las pérdidas que esto conlleva. Tantos de nosotros hemos perdido seres queridos y amigos, relaciones y trabajos, ministerios y negocios, esperanzas y sueños. Sigue siendo difícil comprenderlo. Por si fuera poco, durante este tiempo ha sucedido más alrededor del mundo de lo que pudimos haber imaginado, en el ámbito político, económico, ambiental y social.

Creo que todos coincidimos en que es impactante la forma

en que podemos estar avanzando, a todo vapor, y de pronto la vida nos pone algo en frente que lo cambia todo, ya sea que afecte a todos en el mundo o solo a nosotros. Si no nos hemos preparado para atravesar esos momentos y volver a mirar hacia adelante, podemos atascarnos con la mirada en el pasado. Podemos atascarnos en lugares en los que nunca soñamos estar, ya sea en lo espiritual, emocional, mental, relacional, económico o físico. Para ser honestos, podemos quedar atascados en prácticamente cualquier ámbito de la vida, ¿no es cierto?

- Cuando nos gusta el lugar donde estamos.
- Cuando nos da miedo el futuro.
- Cuando no queremos soltar lo que amamos.
- Cuando nos hacen daño.
- Cuando nos lastiman.
- Cuando nos decepcionamos.
- Cuando nos quedamos insensibles por el trauma que hemos soportado.
- Cuando somos traicionados.
- Cuando estamos cansados.
- Cuando estamos abrumados.
- Cuando estamos desanimados.
- Cuando estamos distraídos.
- Cuando estamos heridos.
- Cuando perdemos la esperanza.

A veces, cuando nos detenemos a pensar en lo que hemos experimentado, ¿cómo no atascarnos en la decepción, en la falta de perdón, en la amargura, en la ofensa, en el temor, en la culpa, en la ansiedad, en la inseguridad, en la indiferencia, en la apatía, en la comodidad o en la complacencia? Y sin embargo, para avanzar, debemos encontrar la manera de superar precisamente estos lugares y más. Debemos superar la pérdida, el dolor, las dificultades, el sufrimiento, las decepciones, los errores y el puro agobio en el corazón si queremos seguir adelante.

Aun así, me imagino que todos sentiríamos que es más fácil seguir atascados que arriesgarnos a avanzar... y las consecuencias que pudiera traer esto, como salir de un terreno conocido y sentirnos aún más incómodos. Como experimentar más dolor, más decepción, más sufrimiento o más traición. No es de sorprender que el escritor del Libro de Hebreos dijera que debemos poner los ojos en Jesús: «Puestos los ojos en Jesús, el autor y consumador de la fe, quien por el gozo puesto delante de Él soportó la cruz, despreciando la vergüenza, y se ha sentado a la diestra del trono de Dios».[5]

Para superar la parte más dolorosa de su misión, Jesús se concentró en el gozo puesto delante de Él. Así fue como soportó la cruz y se sentó a la diestra de Dios el Padre en el cielo. Gracias al sacrificio de Jesús, nosotros no tendremos que soportar el mismo tipo de sufrimiento que Él, pero sí tendremos que atravesar nuestros propios momentos de dolor y de dificultad, de decepción y de traición, de pérdida y de agobio. Poner nuestros ojos en Jesús, el Camino, es la única manera de avanzar.

Para superar los vuelcos y los giros de la vida con los ojos puestos en Jesús, es necesaria una estrategia espiritual de cuatro pasos:

1. Debemos aprender a dejar de mirar atrás y comenzar a mirar a Jesús.

2. Debemos invitar a Jesús para que nos ayude a salir del atasco de esos lugares donde nunca se suponía que estaríamos.

3. Debemos comenzar a movernos de tal manera que garantice que estamos buscando con éxito todos los planes, los propósitos y las promesas que Dios tiene para nuestra vida.

4. Lo más importante, debemos aprender a hacer esto de forma constante en cada área de nuestra vida durante toda nuestra vida, porque se presentarán nuevos retos, tal como Jesús nos dijo que sucedería. Él dijo que, en este mundo, tendríamos aflicción, pero también nos enseñó cómo superar lo que la vida nos presenta.[6]

Entiendo cuán retador puede ser esto, en especial porque no es algo que hacemos una vez y que luego podemos olvidar. A medida que avanzamos por las páginas de este libro, oro para que descubras cómo dejar de mirar atrás y comenzar a mirar a Jesús; cómo pasar de donde estás hasta donde Dios quiere que estés; cómo mirar hacia el futuro que Dios tiene para ti y cómo avanzar hacia él con fe y valentía, en especial en un mundo tan incierto.

Con amor, Chris

PRIMERA PARTE

Por qué es tan importante avanzar

UNO

El mundo siempre está cambiando, pero Dios es el mismo

«Señor [...] estamos agradecidos por tu protección y tu provisión y por todo lo que has hecho ya y lo que has preparado para nosotros. Confiamos en ti [...] y sabemos que tienes tanto para nosotros como organización aquí en Ucrania y en el mundo entero [...] y estamos tan agradecidos porque podemos ser tus manos y tus pies para rescatar personas [...] porque podemos ayudar a otros a tener libertad y restauración [...]. Guarda nuestro corazón para que podamos distinguir y ver los milagros que estás haciendo a nuestro alrededor. Gracias, Señor».

JULIA, DIRECTORA NACIONAL DE A21, UCRANIA,
REFUGIO FUERA DE KIEV, 11 DE FEBRERO, 2022

Llevé las manos a mi pecho y pasé saliva; apenas pude decir *amén* en voz alta. Nunca en todos mis años en A21 había sido testigo de tanta valentía, tanta fuerza y tanta fe en nuestro equipo. Julia y dos integrantes de nuestro equipo en Ucrania, Liliia y Yuliia, se habían unido a nuestra reunión del equipo global desde un refugio en las afueras de Kiev. Habían estado allí durante un par de días, junto con sus esposos e hijos. Nadiia, otra integrante del equipo, se unió desde otro lugar en Ucrania. Había más de ciento cincuenta miembros de nuestro equipo de A21 de dieciséis países conectados con lo que llamamos con cariño nuestro aposento alto de Zoom. Desde que comenzó la pandemia en 2020 y empezamos a trabajar desde casa, las llamadas por Zoom fueron el lugar donde nos conectábamos y nos actualizábamos sobre el trabajo de A21 y de nuestros demás ministerios en todo el mundo. Ese día, estábamos unidos en oración sobre algo que ninguna de nuestras oficinas había enfrentado jamás… la amenaza de guerra en una ciudad donde teníamos una oficina de A21.

Después de recuperar la voz, anuncié a Julia y a los demás del equipo que estaban sentados juntos en el sofá: «Estamos aquí para ustedes en todo momento. Lo que necesiten, estamos para ayudarlos. ¡Los amamos! ¡Cuídense!».

Mientras todos los demás se despedían y comenzaban a desaparecer de la pantalla, yo me quedé tanto tiempo como pude. Nunca me había sentido tan responsable por tanta gente. Nunca me había sentido tan desesperada porque estuvieran fuera de peligro. Nunca había querido tanto estar del otro lado del mundo. Y mis lágrimas se derramaron junto con mis oraciones. ¿Cómo podía orar sin derramar lágrimas? *Señor, por favor, sé su refugio y fortaleza. Cúbrelos con tus alas. Protégelos de cualquier mal… ten misericordia de todos los que están en Ucrania.*

De camino al garaje, encontré a Nick aún sentado delante de la pantalla de su computadora, aunque todos ya habían salido de la reunión. Sentía el peso tanto como yo. No se movió y dejó que el silencio nos abrazara. No dijo ni una palabra. En verdad, no era necesario decir nada. Todo había sido dicho ya. Durante días, habíamos estado hablando, entre nosotros; con Julia, con nuestro jefe de operaciones de A21, Phil. Con nuestro equipo de seguridad, Tony y Andreas; con nuestros contactos en Washington, DC y en Europa; con todos nuestros directores nacionales en el mundo entero, y con los pastores de nuestras tres iglesias Zoe en Varsovia, Salónica y Sofía. Después de todo, era claro que también podrían participar en ayudar a cualquier refugiado de Ucrania, en ser las manos y los pies de Jesús, como Julia había dicho en aquella hermosa oración. Sin importar lo que Rusia hiciera, estábamos preparados... tan preparados como se puede estar para una guerra inminente.

CUANDO RUSIA INVADIÓ UCRANIA

Después de lo que nos pareció un día inusualmente largo, tal vez por todas las noticias que llegaban desde Ucrania y las llamadas constantes con nuestro equipo, Nick y yo nos fuimos a dormir. Apenas nos habíamos quedado dormidos cuando el teléfono de Nick sonó. Era Andreas y, en el silencio de la noche, pude escuchar cada palabra. Rusia había comenzado a lanzar misiles y a invadir Ucrania. Julia y el equipo tendrían que moverse rápidamente. En el refugio, eran las 5:30 de la mañana. Les daría tiempo de levantar a los niños, desayunar y hacer maletas, pero era todo. Ya había misiles volando sobre sus cabezas en contraataque. No había nada que hacer más que seguir adelante. No había manera de regresar a Kiev.

Nick había incluido a Tony y Andreas al equipo para expandir la seguridad de las oficinas de A21. Después de que un traficante amenazara a miembros de nuestro equipo europeo en la corte, resultó claro que necesitábamos hacer más para asegurarnos de que todo el equipo estuviera protegido. Sin embargo, nunca esperamos que esa necesidad incluyera un plan para huir de una invasión.

Después de la llamada, Nick y yo seguimos despiertos durante un largo rato. Yo no podía hacer más que orar por cada persona en ese refugio y derramar delante del Señor lo que sentía que cada uno de ellos necesitaba, en especial el esposo de Julia, Slava. Julia nos contó que, en las semanas previas a la invasión, cada noche después de meter a sus hijos en la cama, ellos conversaban sobre lo que podría suceder si comenzaba una guerra y sobre lo que harían. Ella dijo que no era fácil escuchar lo que había en el corazón de su esposo, pero que lo entendía. Él quería quedarse y ayudar y hacer lo que había sido llamado a hacer. Como pastor de su iglesia, él quería quedarse y cuidar a las personas de Kiev, preparar el edificio de la iglesia para funcionar como refugio, albergue, hospital o lugar de distribución de alimentos… lo que fuera que la gente de Kiev necesitara. Slava era ucraniano. Ambos lo eran. Y, juntos, eran seguidores de Cristo que se habían comprometido a una vida de fe, a una vida de servicio, a una vida de cuidado a otros. Por supuesto que él se quedaría y ella se iría. Por el bien de sus hijos, del equipo y de cualquier víctima potencial de trata de personas. Por su trabajo en A21, Julia sabía que los más vulnerables a la trata de personas durante una guerra son las mujeres y los niños. Ella sabía que podía hacer más para prevenir la trata y para alcanzar a los vulnerables si movía su base a Polonia, si podía trabajar en la frontera ayudando a las multitudes que, inevitablemente, huirían de Ucrania en busca de seguridad.

Al llegar la mañana, Nick y yo no habíamos dormido más de lo que habíamos orado. Cuando Andreas nos puso al día, nos informó que el equipo estaba ya en la carretera, pero que él y Tony estaban cambiando su ruta y que, probablemente, seguirían cambiándola, aun si eso significaba dejar atrás refugios que habían conseguido y que esperaban usar. Parecía que lo mejor era seguir adelante hasta llegar a la casa de un familiar de Julia en Ucrania occidental.

UN VIAJE QUE VALIÓ LA PENA

Un mes antes, yo había volado a Europa para visitar algunas oficinas y a nuestro equipo. Después de no haber podido salir de Estados Unidos durante dos largos años debido a las restricciones de viaje por el COVID-19, estaba decidida a estar en la misma habitación con tantos integrantes de nuestro equipo como pudiera. Quería ver sus rostros y mirarlos a los ojos, sin una pantalla de computadora que nos separara. Antes de viajar, decidí que no compararía este viaje con los viajes antes del COVID. Decidí ajustar mi mentalidad de antemano. Nada regresaría a lo que alguna vez fue, así que ¿de qué serviría mirar hacia atrás?

Fue un viaje duro a causa de la variante ómicron. A causa de todo el papeleo que se requería en cada país. A causa de todas las pruebas de COVID-19. Nunca había pasado por tantas, pero todo valió la pena. Ver a nuestros equipos, compartir alimentos, hablar hasta bien entrada la madrugada, escuchar aún más de todas las formas creativas que habían ideado para mantenerse en contacto con los supervivientes durante los confinamientos, todo parecía más bien una reunión asombrosa. Estábamos felices de vernos en persona.

Nunca olvidaré estar en Varsovia, lista para viajar a Kiev y ver a Julia y al equipo allí, cuando Andreas llamó a Nick. Le dijo que ya era demasiado peligroso viajar a Kiev y que, si entrábamos, era posible que no pudiéramos salir. Los rusos habían rodeado Ucrania por tres lados. Todo indicaba que era cuestión de tiempo para que iniciara la invasión.

Desde mi perspectiva, si no era seguro que viajáramos a Ucrania, entonces no era seguro que nuestro equipo se quedara allí. Nick estaba de acuerdo. Ambos queríamos que los reubicaran a Varsovia tan pronto como fuera posible. Por lo que nos dijo Andreas, Julia estaba casi lista. Ella y el equipo habían llegado al refugio en las afueras de Kiev, pero seguían regresando a la ciudad por suministros.

La mañana en la que Andreas llamó a Julia para decirle que era tiempo de marcharse, aunque se había estado preparando durante semanas, en el fondo seguía sin estar lista. Ella había esperado poder pasar más tiempo con su esposo, Slava. Fue allí donde sintió un gran peso en su corazón. ¿Cómo evitar ese sentimiento? ¿Lo vería de nuevo alguna vez? ¿Seguirían siendo los mismos? ¿Cómo afectaría esto a sus hijos? Y, sin embargo, ella sabía que el equipo tenía que marcharse. Ella sabía que era lo mejor tanto para ella como para Liliia y Yuliia, para sus esposos y para sus hijas e hijos. Si debían huir para salvar su vida, lo harían por el bien de la siguiente generación.

LA HUIDA

Yo nunca he tenido que huir para salvar mi vida, como tuvieron que hacerlo mis abuelos y, una generación más tarde, mis padres. Mis abuelos huyeron de Esmirna, Turquía, hacia Grecia y, luego, hacia Egipto en 1922, durante el genocidio griego. Allí, en Alejandría, Egipto, una ciudad verdaderamente cosmopolita y la puerta a Europa, trabajaron para restablecer su vida y criar a su familia en paz. Sin embargo, en 1952, los generales nacionalistas derrocaron al rey Faruq y se convirtieron en una fuerza poderosa. Los cristianos se volvieron una minoría perseguida y mis padres, jóvenes solteros que no se conocían aún, huyeron de Egipto. Mi madre tenía tan solo dieciséis años cuando la subieron a ella y a sus hermanas a un barco hacia Australia. Si no podían salvar a toda la familia, salvarían a sus hijas. Junto con miles de otras familias griegas,[1] mi madre y su hermana llegaron a Australia, prácticamente sin nada. De alguna manera, se las arreglaron para conseguir dos trabajos y ahorraron suficiente dinero para que sus padres y su hermano hicieran el mismo viaje que ellas. Al igual que mi madre y su hermana, ellos llegaron con una maleta cada uno; todo lo demás lo habían dejado atrás.

Durante mi infancia, mamá nunca hablaba de esto. Tampoco mi tía ni mi tío. Más adelante descubrí que preferían dejarlo en el pasado. Hasta hoy, no puedo imaginar el temor que mi madre debió de enfrentar ni la valentía que tuvo que ejercer. Solo puedo imaginarme el peso de la responsabilidad que cargó por su hermana y su hermano, por su madre y su padre.

Cuando finalmente mi padre y ella se conocieron en Sídney, se enamoraron y se casaron. Por lo que pude notar mientras crecía, sin importar lo que experimentaron al huir de Egipto, nunca se detuvieron demasiado tiempo a mirar atrás. Juntos forjaron una nueva vida y, con el resto de nuestra familia extendida, hicieron de Australia su hogar.

UNA NUBE DE DÍA Y UNA COLUMNA DE NOCHE

Durante cuatro días, Andreas y Tony mantuvieron a Julia y al equipo avanzando desde la distancia. La llamaban cada hora. Le aseguraban que estaban vigilando todos sus movimientos. En tres autos, todo el equipo y sus familias se movieron en caravana por el país. En las ciudades pequeñas, se detenían para recargar combustible. Aunque Andreas les había dado una lista de suministros que empacar, incluyendo combustible extra, mientras las gasolineras tuvieran combustible, comprarían lo que necesitaban. El suministro de combustible era para cuando las estaciones ya no tuvieran más gasolina. En una ciudad, la fila para abastecerse era de más de cien autos y solo les permitieron llevar 21 litros (5,5 gal) por vehículo.

No se detuvieron en todo el trayecto. En cambio, tomaron turnos para manejar de forma que pudieran dormir y seguir adelante. A través de imágenes satelitales, Andreas observaba desde su oficina en Europa toda la noche, todas las noches. Y Tony observaba desde su oficina en Estados Unidos todo el día, todos los días. Cuando un miembro del equipo de A21, Mi Yung, envió a Julia un mensaje de texto que le recordaba la protección de Dios sobre los hijos de Israel cuando escaparon de Egipto, ella le respondió con el relato de cómo Dios había guiado a Moisés y a los hijos de Israel con una nube durante el día y con una columna durante la noche.[2] Para Julia, Andreas y Tony eran exactamente como esa nube y esa columna. Significaba muchísimo para ella saber que alguien los estaba cuidando. Saber que no estaban solos.

Una noche, mientras esperaban en la fila para recargar combustible, un hombre pasó junto a los autos con una tetera. Estaba ofreciendo agua caliente para que las personas pudieran preparar café o té. Más tarde, regresó, solo que esta vez venía también su esposa. Ella había preparado una olla de *borsch* y quería que todos en los autos comieran. Todos concordaron en que era el mejor *borsch* que habían probado. Hasta les llevó huevos cocidos para después.

Cuando finalmente entraron por la puerta de la casa de los familiares de Julia, en la parte occidental de Ucrania, la mesa puesta con abundancia de comida les hizo sentirse perfectamente normales. Ver a sus hijos abrazar a sus familiares le dio a Julia un sentimiento de alivio que no había sentido en días.

Ella podía sentir cómo la ansiedad daba lugar a esperanza, cómo su temor daba lugar a valentía. La escena fue como un sutil recordatorio de que Dios estaba con ellos cuidándolos y que iba delante de ellos, aun cuando el mundo que conocían se estaba desmoronando detrás de ellos.

NO PUEDEN QUEDARSE

La siguiente vez que Andreas llamó a Julia, fue mucho antes de lo previsto. «Julia, sé que acaban de llegar y sé que están aliviados de ver a tu familia —le dijo—, pero no pueden quedarse. Les puedo dar una hora y media para comer, descansar y pasar tiempo con tus familiares, pero tienen que dirigirse a la frontera esta noche».

Cruzar la frontera hacia Polonia era más un plan de contingencia que uno predeterminado. Sin embargo, desde el principio, el equipo había decidido que, si la invasión escalaba, tendrían que cruzar. Aunque Julia había albergado la esperanza de que todos pudieran quedarse dentro de las fronteras de su país natal, durante el tiempo que estuvieron en la carretera, los bombardeos en la capital se habían intensificado, así como el fuego de artillería en todo el resto del país.

Cuando Andreas le dijo que era posible que impidieran que los varones cruzaran la frontera junto con las mujeres y los niños, ella tuvo que prepararse para pasar estas noticias. Se había declarado ley marcial y las regulaciones gubernamentales prohibían que cualquier varón de entre dieciocho y sesenta años abandonara el país.[3]

Durante los siguientes dos días y medio, Julia y el equipo avanzaron lentamente en una fila de kilómetros de largo que llevaba a la frontera. Sin baños, ni regaderas ni nada que hacer para los niños, tuvieron que hacer su mejor esfuerzo por ocultar su temor y mantener ocupados a los pequeños. El polvo sobre los autos se convirtió en pizarrones en los que los niños dibujaban con los dedos. Las praderas junto al camino se convirtieron en parques de juegos. Las comidas se transformaron en picnics. Al ver cómo las personas se quedaban sin combustible, abandonaban sus vehículos y comenzaban a caminar, a menudo con niños en brazos y arrastrando maletas, no podían más que agonizar con el suspenso de si podrían lograrlo o no. En una de sus últimas llamadas a Julia, Andreas la preparó para lo que les esperaba adelante.

Szymon, nuestro pastor de la Iglesia Zoe en Varsovia, estaba en la frontera esperándolos. Había estado allí desde hacía dos días. Era seguro que no permitirían que los varones cruzaran, pero Tony estaba trabajando en un plan para que todos pudieran estar a salvo. Necesitarán reacomodar los contenidos de los autos de manera que todos los suministros quedaran en el auto que los varones tomarían. Y sus despedidas tendrían que ser cortas.

No podría expresar el alivio que todos sentimos cuando nuestro grupo cruzó la frontera... así como los millones más que salieron después de ellos.

Y AHORA, ¿QUÉ?

Cuando comenzó la guerra en Ucrania, pareció la continuación de todo lo que había estado sucediendo en el último par de años. A partir de 2020, además de pasar por una pandemia, experimentamos desastres naturales en casi todos los continentes: huracanes, incendios forestales, tornados, sequías e inundaciones.[4] El suelo se calentó tanto en la región del Atlántico Medio que miles de millones de cigarras emergieron, después de diecisiete años de permanecer bajo tierra.[5] Nos recordó a una plaga de proporciones bíblicas. Experimentamos protestas y disturbios en ciudades principales de más de sesenta países que dirigían la atención hacia la injusticia racial.[6] Era fácil entender por qué algunas personas querían levantar las manos y preguntar: «Y ahora, ¿qué?», porque parecía que no terminaba una cosa cuando llegaba la siguiente. Cuando las personas se cuestionaron si se trataba del fin del mundo, fue (aunque seguimos aquí) porque era el final del mundo como lo conocimos.

Al igual que la mayoría, me sentí tentada a mirar atrás. Quería regresar a 2019 o a cualquier año de nuestra vida antes de 2020. Quería que las cosas regresaran a la normalidad, sin importar lo que eso fuera. Quería olvidarme de toda la nueva normalidad que estábamos intentando crear con tanta desesperación. Sin embargo, por más que anhelara regresar a lo normal, no era posible. Ese mundo que conocimos se había acabado y Dios me estaba invitando, junto con todos los demás, a avanzar, a aferrarnos a su propósito y a sus promesas en el futuro.

Para superar la tensión de no mirar atrás y de avanzar, además de mi intento de descubrir cómo avanzar en un mundo en confinamiento, comencé a recordarme a mí misma que el mundo había cambiado, pero Dios no. Él era el mismo de siempre y yo podía confiar en que me guiaría hacia adelante.[7]

Durante esta misma temporada de hacer mi mejor esfuerzo por no mirar atrás y por seguir avanzando, recordé a una mujer en la Biblia que miró atrás cuando no debió hacerlo... y no le fue nada bien. La mencioné ya en la introducción como la mujer de Lot. Es la mujer que huía por su vida con su familia en Génesis 19. En la huida, llovió fuego y destrucción sobre su ciudad, Sodoma, y a pesar de que el ángel le dijo que no mirara atrás, se volteó y lo hizo. La Escritura nos dice: «Pero la mujer de Lot, que iba tras él, miró hacia atrás y se convirtió en una columna de sal».[8]

> Comencé a recordarme a mí misma que el mundo había cambiado, pero Dios no.

Lo que hace que la mujer de Lot sea tan importante es que Jesús mismo nos dijo que la recordáramos. En medio de un discurso escatológico en el Nuevo Testamento, Jesús pronunció estas palabras: «Acuérdense de la mujer de Lot».[9]

Si alguna vez has leído Lucas 17, es demasiado fácil pasar por alto estas palabras. Lo sé, porque yo lo hice durante años. Por supuesto que las leía, pero eso era todo. Las leía a toda velocidad. Sin embargo, Jesús nunca desperdicia ni una palabra, de manera que este versículo, uno de los más cortos de la Biblia, debe tener importancia. Estas pocas palabras comenzaron a mostrarme la importancia de no mirar atrás. De siempre avanzar. Incluso en medio de una pandemia o de una guerra o de algo mucho más normal. Se convirtieron en palabras que no pude olvidar y que me mostraron el camino hacia adelante.

Acuérdense de la mujer de Lot.

Durante más de treinta años, he asistido a conferencias de mujeres y no recuerdo jamás haber escuchado un mensaje sobre la mujer de Lot, como tampoco recuerdo haber enseñado uno. Y, sin embargo, de las ciento setenta mujeres mencionadas en la Escritura,[10] ella es la única que Jesús nos dijo que recordáramos. ¿Por qué ella? ¿Por qué no Eva, Sara, Miriam, Débora, Rut, Rahab, Ester, Elisabet o incluso María, su propia madre? De todas las mujeres que Jesús nos pudo haber dicho que recordáramos, solo mencionó a una: la mujer de Lot. (Para todos los eruditos bíblicos que están leyendo esto, es cierto que Jesús nos dijo que el *acto* de la mujer que lo ungió con aceite sería recordado para siempre,[11] pero nos pidió que recordáramos solo a una mujer: la mujer de Lot). Para mí, esto es sorprendente. ¿Por qué ella? Debe existir una razón.

ATRAPADA POR AÑORANZA

La mujer de Lot obtuvo una sola escena en el Antiguo Testamento y una en el Nuevo Testamento. Eso fue todo. Es todo lo que nos dice la Escritura. ¿Por qué nos mandaría Jesús que recordemos a una mujer que aparece en las páginas de la Escritura solo el tiempo suficiente para desaparecer? Una mujer que tiene la biografía más corta de todos los tiempos. Una mujer cuyo nombre ni siquiera conocemos. ¿Qué se supone que debemos recordar de ella?

Al comenzar a estudiar su vida, me di cuenta de algo muy importante. Esta mujer recibió una instrucción: «No mires atrás». Y lo que hizo fue precisamente lo que no debía hacer. Además, descubrí que entender *la manera* en que miró atrás posiblemente nos da una pista de *la razón* por la que miró atrás: «Pero la mujer de Lot, que iba tras él, miró [neciamente, con añoranza] hacia atrás [hacia Sodoma, en un acto de desobediencia] y se convirtió en una columna de sal».[12]

Ella miró atrás con añoranza... en un acto de desobediencia. No quiero ser demasiado dura con la mujer de Lot. Todos cometemos errores y todos desobedecemos, así que pensar que miró atrás con añoranza me hace sentir compasión por ella. Allí estaba ella, viviendo su vida como siempre y, de pronto, le dijeron que empacara sus cosas y huyera por su vida. Mientras tanto, un ángel la tomaba de la mano y la guiaba.

Incluso al leer su historia de nuevo mientras escribía, me abrumó la compasión. No pude dejar de pensar en Julia cuando huyó de Ucrania. Pensé en mis abuelos que huyeron de Turquía y luego de Grecia. Pensé en mis padres que huyeron de Egipto. Igual que la mujer de Lot, tuvieron que dejar todo lo habitual atrás. Julia tuvo que dejar hasta a su esposo atrás. Y, una vez que nuestro equipo llegó a la frontera, también tuvieron que hacerlo Liliia y Yuliia. Cada vez que Julia pudo haber querido mirar atrás y detenerse, tuvo que seguir avanzando. Por el bien de ella, de sus hijos y de su equipo. Con una sola llamada, su vida cambió. Con Andreas y Tony como guías, prácticamente llevándola de la mano, ella y el resto de nuestro equipo huyeron.

Al mirar a la mujer de Lot con Julia en mente, puedo imaginar los profundos sentimientos que tuvo. No es de sorprender que haya mirado atrás *con añoranza*. Tal vez, *la manera* en la que miró atrás tiene mucho que ver con el simple hecho de que haya mirado atrás.

Mirar atrás con añoranza es mirar atrás con nostalgia, con tristeza,[13] con anhelo. ¿Qué anhelaba exactamente? ¿Qué añoraba con tanta profundidad? Si me pongo en sus zapatos, puedo imaginarme varias cosas. Tal vez era su hogar. Tal vez era la forma en que su hogar la hacía sentir segura y a salvo. Tal vez era la forma en que había ordenado y decorado todo. Tal vez era la forma en que su casa le daba la bienvenida cada vez que salía a los quehaceres y regresaba. ¿Anhelaba sus pertenencias? ¿Sus amigos? ¿Su rutina? ¿Su familia extendida? Si alguna vez te has mudado de ciudad, probablemente sabes de primera mano lo fácil que es anhelar que las cosas sean como antes, comparadas con el trabajo que cuesta ajustarse a todo lo nuevo.

Tal vez tenía una posición en la comunidad, un lugar de prominencia. Después de todo, Sodoma no era una ciudad pobre y ella estaba casada con un hombre adinerado.[14] ¿Podría ser que estaba mirando atrás con añoranza a todo lo que había llegado a apreciar y que ahora se veía forzada a abandonar? Parecía estar indecisa entre las cosas que dejaba y el lugar al que iba. ¿Alguna vez te has sentido así? ¿No es este nuestro reto en todo lo que Dios nos invita a hacer? ¿Movernos hacia adelante o detenernos y mirar atrás? Y no solo respecto a las cosas tangibles que se nos escapan de las manos, sino también respecto a lugares en el tiempo, a recuerdos y a sentimientos que nos evocan esos recuerdos. Puede ser algo de esto o todo junto, ¿no es cierto?

Tal vez la mujer de Lot estaba intentando conservar el pasado, algo que es tan fácil hacer. Cuando nos empeñamos en conservar el pasado, atrapados en la nostalgia, nos alejamos de la verdad del presente y del dolor de la realidad.[15] Si nos quedamos atrapados en el pasado, corremos el riesgo de convertirlo en una versión idealizada de lo que realmente fue. Los recuerdos pueden distorsionarse con facilidad, ¿no es así?[16] Cuántas cosas pudieron haberle pasado a la mujer de Lot al mirar atrás y, sin embargo, se convirtió en una columna de sal, una sustancia que se ha usado como conservante durante siglos y que se sigue usando hasta hoy.[17] Es difícil ignorar la ironía de esto. Además, la mujer de Lot se convirtió en la misma sustancia que Jesús dijo que somos. Mateo documentó a Jesús cuando dijo que somos la sal de la tierra.[18] Tal vez necesitamos asegurarnos de no quedarnos atascados en el pasado, en un intento por conservar el pasado, donde ya no estamos avanzando y ya no estamos siendo la sal del mundo a nuestro alrededor.

> Si nos quedamos atascados en el pasado, corremos el riesgo de convertirlo en una versión idealizada de lo que realmente fue.

La mujer de Lot miró atrás *con añoranza*. He descubierto que si nos quedamos demasiado tiempo donde no deberíamos estar, comenzaremos a añorar aquello en lo que no debemos quedarnos. Cuando nos quedamos, comenzamos a titubear. Esto significa que nos volvemos tardos en avanzar. Seguimos existiendo, aunque nos debilitamos. Procrastinamos. Esto incluye una descripción aterradoramente precisa: «Permanecemos vivos aunque morimos de a poco».[19] La mujer de Lot pudo no haber tenido idea de que mirar atrás causaría su muerte, pero así fue, ¿cierto?

¿Estás añorando algo que alguna vez fue? ¿Algo que ya no está? ¿Algo que nunca podrá ser de nuevo?

¿Estás atascado allí en ese lugar donde ya no deberías estar atascado?

¿Estás atascado en un lugar, añorando lo que fue y, al mismo tiempo tolerando lo que es, con la esperanza de que, si te quedas allí el tiempo suficiente, podrías recuperar lo que Dios te mandó que abandonaras?

Cuando la mujer de Lot se quedó por añoranza, se detuvo y miró atrás hacia Sodoma en un acto de desobediencia. Entonces, se calcificó y se atascó, congelada en el tiempo, paralizada por la eternidad como columna de sal. Yo soy griega y, ya que fui educada para salar la comida con abundancia, me encanta la sal. Sin embargo, no quisiera quedarme atascada y convertirme en una columna de sal. Me imagino que tú tampoco. No obstante, en un sentido, creo que es demasiado fácil atascarnos como ella.

Podemos quedarnos atascados en…
- nuestras emociones,
- nuestros pensamientos,
- nuestras actitudes,

- nuestras opiniones,
- nuestras posesiones,
- nuestros planes,
- nuestros anhelos,
- nuestros hábitos,
- nuestra comodidad,
- nuestro dolor,
- nuestras heridas,
- nuestras relaciones,
- nuestro pasado,
- nuestro presente
- y hasta en nuestras esperanzas futuras.

Existen muchísimas maneras y lugares en que podemos quedarnos atascados y oro para que, en esta aventura juntos por las páginas de este libro, descubramos dónde pudimos habernos quedado atascados y cómo desatascarnos, de manera que podamos avanzar hacia el propósito y las promesas de Dios para nuestro futuro.

No siempre es fácil avanzar cuando Dios nos invita a hacerlo, en especial cuando todo es seguro, cómodo y exactamente como quisiéramos que fuera. De la misma forma, a veces es difícil avanzar cuando hemos experimentado trauma, dolor o sufrimiento y nos sentimos totalmente sin esperanza e indefensos. Avanzar es algo que sabemos que debemos hacer, a menudo es lo que queremos hacer y en otras ocasiones es lo que nos negamos a hacer, pero sigue siendo algo que Dios anhela para nosotros. Sin importar dónde estés en esta transición, espero que puedas identificar los lugares donde tiendes a quedarte atascado o donde tal vez estés atascado y que te llenes de la fuerza del Espíritu Santo para dar el siguiente paso para desatascarte.

Acuérdense de la mujer de Lot •————————•

Cuando Dios llamó a la mujer de Lot a avanzar, ella se detuvo. Tal vez, encontró más consuelo en las circunstancias que conocía que en el carácter inmutable del Dios que la llamó.

1. Identifica tres veces cuando tus circunstancias cambiaron de forma repentina y anótalas en un cuaderno o en tu diario.
2. Lee Hebreos 13:8 y reflexiona en oración. Si estabas consciente de esta verdad en el momento en que cambiaron tus circunstancias, ¿cómo repercutió esta verdad en ti y en tu respuesta a este cambio? Si no estabas consciente de ella, ¿cómo crees que esta verdad pudiera haber repercutido en ti y en tu respuesta?

DOS

Prepara tu corazón para avanzar

Sentada en la cama de Catherine, mientras recorría mi mano por los cobertores, no podía dejar de extrañarla y todo lo que ella representaba. Se había ido a su primer año de universidad apenas hacía un mes, pero yo sentía que había sido una eternidad. Cada vez que cruzaba la entrada de su recámara, la vaciedad me servía como recordatorio de todo lo que había cambiado y, a veces, me llamaba a entrar y a sentarme un rato, como en este día.

Extrañaba su sonrisa, su sentido del humor, sus risas y sus raros gustos musicales. Extrañaba sus abrazos y cuán alta se veía a mi lado, además de nuestras charlas hasta bien entrada la noche, en especial cuando se convertían en sinsentidos que nos dejaban en carcajadas por cosas que no habríamos podido explicar. Extrañaba cuando invitaba a sus amigas y hablaban de todos los últimos dramas en la escuela, en los deportes o con los chicos; y cuando me traía un café a casa o cuando me llamaba de regreso de su práctica de voleibol para preguntar si necesitaba algo de la tienda. Echaba de menos encontrar los platos sucios de algún bocadillo nocturno en la cocina casi todas las mañanas; y la canasta de ropa sucia en su recámara, a reventar y rodeada de todas las prendas que habían caído fuera. (A veces he sentido que mi error más grande en la crianza fue no enseñarles a mis hijas a llevar su canasta de la ropa sucia al cuarto de lavado, en lugar de usarla solamente para practicar sus tiros de básquetbol).

Mirar todas las fotografías pegadas a la pared, con el conocimiento de lo meticulosa que había sido ella al seleccionar y organizar cada una, me hacía sentirla un poco más cerca. Siempre había sido una persona muy popular. La mezcla de imágenes de familia, amigos, eventos escolares, juegos de voleibol y viajes resultaba en una pared de diversiones, en un montaje de su vida, en un reflejo de las personas que más le importaban y de los lugares que no deseaba olvidar. Ver tantas fotos de nosotros como familia, de ella y de Sophia juntas, me hacía sentir tan agradecida de que la familia fuera nuestra prioridad, de haber trabajado tan duro para crear recuerdos y de que Catherine se había convertido en una persona a quien le encantaba preservarlos.

En lo profundo de mí, me sentía contenta de que estuviera en la universidad y de que le estuviera gustando, pero seguía en el proceso de hacerme a la idea de que había partido a estudiar. Cuando fui estudiante en la Universidad de Sídney, ninguno de mis conocidos se había mudado de su casa; solo tenían que tomar el tren todos los días de camino a la escuela y de regreso. Aunque hubiera querido que Catherine hiciera lo mismo, esta opción era imposible. Vivimos cerca de una autopista en el sur de California y no hay trenes en 80 km (50 mi) a la redonda. Además, yo no podía esperar que su experiencia universitaria fuera la misma que la mía. Era un país diferente, una época diferente y ella tenía que vivir su propio camino. Aun así, me sentí agradecida cuando escogió una universidad que solo quedaba a noventa minutos de camino.

Seguía en el proceso de ajuste, pero había días, como este, cuando me descubría mirando atrás, añorando lo pasado y lamentándome de que nunca más volvería a ser igual. Yo conocía el cruce de la vida que estábamos enfrentando. Sabía que era muy posible que nunca volviera a vivir en casa, al menos no de tiempo completo. Entendía que estábamos en el final de una era y en el inicio de una nueva. Incluso cuando regresaba a casa para una visita rápida de fin de semana, en lugar de sentir que era como en los viejos tiempos, sentía que eran nuevos tiempos, porque *sí* eran nuevos tiempos. Ella venía y se iba a su antojo. No me pedía permiso para ir a lugares ni para regresar a alguna hora específica, aunque era lo suficientemente considerada como para mantenernos a Nick y a mí informados de sus planes.

Por supuesto, yo no quería que siguiera siendo una niña ni que viviera en casa para siempre y sí trabajé para prepararme durante todo el último año del bachillerato. Sin embargo, a pesar de los preparativos, el dolor seguía siendo real y la transición, difícil. Catherine es mi primera hija, lo que significa que siempre ha sido la primera en todo, incluyendo mi primera hija en marcharse del campamento base de nuestro hogar y en comenzar el recorrido del llamado único que Dios tiene para ella. Cuando siempre has caminado de la mano con otra persona, metafóricamente, lo más antinatural que puedes hacer es detenerte cuando tu hija sigue avanzando, pero así estábamos entonces.

En los momentos cuando me encontraba añorando que las cosas fueran como antes, que regresara a casa, descubrí que orar era lo que más me ayudaba. Orar por ella me ayudaba a soltarla y entregarla a Dios. Me ayudaba a recordar que Él la amaba más de lo que yo podría hacerlo jamás. Esto me ayudó a superar mi tristeza y a seguir avanzando hacia el futuro que Dios tenía para ella y para mí.

NOS LAMENTAMOS PARA MUDARNOS

A medida que los días y las semanas pasaban, me acostumbré más a que Catherine viviera lejos. Nos escribíamos mensajes de texto y hablábamos por teléfono a menudo, pero no tanto como para negarle su espacio personal. Cuando regresaba a casa para una visita de fin de semana o unas vacaciones más largas, aprendí a enfocarme más en lo divertido que podíamos pasarla juntas, más que en la triste expectativa de verla irse y, por supuesto, la ayudaba con toda la ropa sucia que traía. Comencé a observar que sus viajes a casa parecían coincidir con el momento cuando empezaba a terminársele la ropa limpia. Un día, mientras doblaba montones de ropa suya, reconocí que, aunque a Catherine le estaba encantando esta nueva temporada, yo tenía que asegurarme de dejar de mirar atrás para no perderme lo que venía adelante. Necesitaba disfrutar a la adulta en que se estaba convirtiendo, en lugar de llorar a la niña que había dejado de ser. Sí era necesario lamentarme por el final de una era, pero no podía quedarme atascada allí. En palabras del rey Salomón:

> Hay un tiempo señalado para todo, y hay un tiempo para cada suceso bajo el cielo: Tiempo de nacer, y tiempo de morir; tiempo de plantar, y tiempo de arrancar lo plantado; tiempo de matar, y tiempo de curar; tiempo de derribar, y tiempo de edificar; tiempo de llorar, y tiempo de reír; *tiempo de lamentarse, y tiempo de bailar*; tiempo de lanzar piedras, y tiempo de recoger piedras; tiempo de abrazar, y tiempo de rechazar el abrazo; tiempo de buscar, y tiempo de dar por perdido; tiempo de guardar, y tiempo de desechar; tiempo de rasgar, y tiempo de coser; tiempo de callar, y tiempo de hablar; tiempo de amar, y tiempo de odiar; tiempo de guerra, y tiempo de paz.[1]

Es tan fácil olvidar que hay un tiempo para todo, que nuestra vida está llena de temporadas, y comenzar a acampar en lugares que se supone eran de paso. Según mi experiencia, cuando esto sucede, es fácil terminar atascados. Quizás, así es como te encuentras hoy, viviendo en una mentalidad, en lugar de haber pasado por una temporada.

Recuerdo cuando nos mudamos de Sídney a Estados Unidos, hace más de una década. Yo había viajado mucho fuera de Australia, pero, desde que nací, Sídney había sido siempre mi hogar. Crecí en un vecindario donde las personas vivían toda su vida; nunca se mudaban. Por ejemplo, la mejor amiga de mi mamá había sido su vecina durante cuarenta y cinco años. Viví en la casa de mi madre durante toda mi niñez, hasta que me casé casi a los treinta. Cuando Nick y yo tuvimos nuestra primera casa, fue en Sídney. ¿Por qué querría vivir en algún otro lugar?

Nunca olvidaré cuando Nick llegó a casa después de un viaje fuera de la ciudad y me dijo que sentía que el Señor nos estaba guiando a mudarnos a Estados Unidos. Yo no podía creerlo. ¿Por qué a Estados Unidos? Me encantaba ir allí de visita, pero nunca consideré vivir allí. Yo habría estado más abierta a algún lugar como Santorini, Praga, Budapest o París. Estas eran ciudades hermosas que habíamos visitado donde podía imaginarme viviendo, pero ¿Estados Unidos? ¿Dónde en Estados Unidos? ¿En qué estado? ¿En qué ciudad? Además, acabábamos de terminar una renovación grande en nuestra casa y, literalmente, estaba viviendo en la casa de mis sueños. Todo lo que habíamos querido mejorar, habíamos logrado hacerlo. Yo había decidido que me quedaría en esa casa hasta que me enterraran. A nuestras hijas les encantaba nuestra casa y sus mejores amigas vivían en la misma calle. Su escuela estaba cerca; mi mejor amiga estaba cerca; todo lo que necesitábamos y queríamos estaba a la mano. ¿Por qué querría mudarme, en especial a un país totalmente diferente?

Sin embargo, Nick, con la ayuda del Señor, veía un panorama más grande. Habíamos arrancado A21 y él sentía que el Señor nos estaba guiando a mudarnos a Estados Unidos, donde estaríamos ubicados en un lugar más céntrico y podríamos administrar nuestras operaciones mundiales de forma más efectiva. Solo fue después de mucha oración, ayuno y lágrimas que finalmente pude ver la lógica de esta mudanza transcontinental y pude sentir la paz del Señor.

Hasta este momento, recuerdo lo difícil que fue decirle a mi madre y luego a mis hermanos y a sus familias. Ellos tomaron tan mal como yo la idea de nuestro futuro. Era evidente que comenzaría a perderme de la vida que todos conocíamos. Me perdería bodas y nacimientos; me perdería cumpleaños y juegos deportivos, festividades y reuniones familiares. Mi madre había llegado a una edad en la que necesitaba más ayuda y mis hermanos y yo compartíamos las responsabilidades de cuidarla. Yo jamás había considerado no vivir lo suficientemente cerca como para hacerle algún quehacer o llevarla a alguna cita.

Recuerdo tener que decirle a la familia de Nick, a nuestros amigos más cercanos, a nuestros pastores y colegas. Muchos de ellos trataron de convencernos de no hacerlo. «¿No es posible simplemente viajar cuando sea necesario?», nos preguntaron. Su intención era buena, pero tratar de ofrecer más explicaciones y, en ocasiones, sentirnos tan vulnerables ante lo que parecía su desaprobación, fue doloroso. Hizo que el dolor se volviera insoportable y, no obstante, mientras más avanzábamos por la transición, más segura estaba de que Nick tenía razón, de que el cambio era lo correcto.

Con la ayuda de un agente inmobiliario amigo nuestro, finalmente decidimos establecernos en California, aunque nunca habíamos pasado mucho tiempo allí, y nos mudamos de verdad. Sin embargo, aún en ese momento, después de meses de tantos detalles relacionados con la mudanza y de tantas emociones que enfrentamos, sentía que era más fácil seguir deseando estar de vuelta en Sídney, seguir pensando en mi vida allí y mantenerme en contacto con mis amigos y familia. Yo estaba en un lugar, pero mi corazón seguía en otro.

Fácilmente podrías decir que yo era como la mujer de Lot,

mirando atrás cuando se suponía que debía estar mirando y moviéndome hacia adelante. Igual que el ángel que la llevaba de la mano, Dios me llevaba de la mano también. No había duda de que Él nos estaba guiando, dirigiendo y abriendo paso, pero no pareció importarme más que a la mujer de Lot, porque me quedé atascada, igual que ella. Yo había tenido éxito en la mudanza física, pero, ya que seguía mirando atrás, fracasé en la mudanza emocional.

Durante el primer año, ya que mi corazón se había quedado atrás, lamentándose por todo lo que había perdido, terminé viviendo como si siguiera en Australia y, en consecuencia, no hacía el esfuerzo por edificar una vida en Estados Unidos. En realidad, no había preparado mi corazón para avanzar. Recuerdo pasar una gran parte de mi tiempo en el teléfono hablando con mis amigas de vuelta a casa, a veces llorando por lo mucho que las extrañaba. En su mayoría, ignoraba las festividades estadounidenses y celebraba las australianas, porque en lo profundo de mí no me consideraba una estadounidense. Cuando las personas se comunicaban y nos invitaban a celebrar algún día festivo, encontraba alguna razón para rechazar la invitación con cortesía. Como podrás imaginar, vivir en un lugar mientras trataba de vivir en otro me llevó a la frustración y esta me causó aún más dolor.

Y, con cada visita que hacía a casa, también me sentía más fuera de lugar. Porque no participaba en la vida diaria de los demás, porque me perdía de los momentos importantes que celebraban entre mis viajes. Yo estaba desesperada por encajar. Cuando intentaba sentir que no me había ido, llevaba la conversación de vuelta a las cosas que había vivido en el pasado.

En ese momento, no me di cuenta de que estaba atascada en la época antes de la mudanza, pero que ellos no lo estaban. Pronto, me sentía fuera de lugar tanto en Estados Unidos *como* cuando visitaba Australia. Se volvió más doloroso porque ninguno de los dos lugares se sentía como mi hogar.

Fue hasta que una querida amiga en Estados Unidos organizó lo que llamó una «reunión para venir a Jesús» conmigo que comencé finalmente a cambiar de forma positiva. Recuerdo que fue extremadamente sensible a lo frágil que yo me había vuelto y, con valentía, me dijo lo que necesitaba desesperadamente oír. «Chris, no sentimos que estés con nosotros aquí y cada vez que regresas de una visita a Australia hablas de cómo sientes que ellos han dado pasos sin ti. Ellos han dado pasos porque así era necesario y, hasta que tu corazón llegue al lugar donde estás físicamente, seguirás atascada entre el pasado y tu destino. Tal vez necesitas algo de tiempo y distancia para hacer la transición, así que tal vez no deberías regresar tan a menudo. Escoge invertir tu corazón, tu tiempo y tu energía para edificar tu vida aquí. Dios no te trajo aquí para dejarte en medio de la nada. Él te trajo aquí para llevarte a la siguiente fase de tu propósito».

Llegué a entender que reconocer estos finales y comienzos es un paso necesario para avanzar y, a veces, necesitamos que alguien nos ayude a verlo. Pienso que es similar a lo que Josué experimentó después de la muerte de Moisés. El último capítulo de Deuteronomio nos muestra que, cuando Moisés murió, Dios lo enterró y, luego, Dios declaró un período de luto para Josué y los hijos de Israel. Sin embargo, en la siguiente página de la Biblia (de hecho, en los siguientes dos versículos) Dios le dijo a Josué: «Mi siervo Moisés ha muerto. Ahora pues, levántate, cruza este Jordán, tú y todo este pueblo, a la tierra que Yo les doy a los israelitas».[2] Yo no puedo evitar la pregunta: ¿Por qué Dios le dice lo obvio a Josué? ¿No sabía él que Moisés había muerto? En especial, porque Dios había establecido un período de luto para él. Y, sin embargo, Dios le dijo a Josué que Moisés estaba muerto y que él debía prepararse para cruzar; esto señalaba que había finalizado una temporada y comenzado una nueva.

Después de un año de vivir en Estados Unidos, tuve que entender que una temporada de mi vida también había muerto, que había terminado. Tal como Josué tuvo que reconocer que era un nuevo día, que era momento para prepararse y avanzar, yo también; fue solo entonces que finalmente pude comenzar a dar pasos.

Sin duda, nuestra vida entera está llena de transiciones; algunas esperadas y otras nos toman por sorpresa. Sin embargo, en todas ellas, encontramos oportunidades para mirar atrás y atascarnos… o para mirar hacia adelante y seguir avanzando. Por supuesto, no todas las transiciones son difíciles. Muchas son más fáciles de transitar que otras, tal vez porque son cosas por las que hemos orado, soñado o trabajado duro y que son grandes victorias en nuestra vida.

- Cuando terminamos la escuela y comenzamos nuestro primer trabajo.
- Cuando aceptamos un ascenso en el trabajo.
- Cuando comenzamos un nuevo matrimonio.
- Cuando adoptamos a un hijo.
- Cuando nos mudamos a un nuevo hogar.
- Cuando emprendemos un nuevo negocio.

- Cuando lanzamos una nueva iniciativa.

Sin embargo, con las transiciones por las que no oramos, las que no esperamos, las que no deseamos que sucedieran, debe haber primero un período de luto, principalmente porque algo ha muerto. Además, es importante recordar que el luto no solo es para cuando muere una persona; es para cuando muere cualquier cosa: un sueño, una esperanza, un plan, una meta, una relación, una expectativa. Es para cuando cambia cualquier cosa para la que no estábamos listos.

- Cuando nos mudamos de un hogar o una comunidad que nos gustaba.
- Cuando nos cambiamos de escuela.
- Cuando nos cambiamos de iglesia.
- Cuando dejamos un trabajo para irnos a otro.
- Cuando nuestros hijos se van de casa.
- Cuando volvemos a estar solteros.
- Cuando experimentamos peligros financieros.
- Cuando recibimos un diagnóstico difícil.
- Cuando se disuelve una amistad.
- Cuando termina una relación.
- Cuando un ser amado muere.

En todas las transiciones que he vivido, he aprendido que, solo porque algo ha muerto, las promesas, los planes y los propósitos de Dios para mi vida no han muerto. De hecho, siguen perfectamente vivos. Sé que hay momentos cuando la vida nos pone de cabeza y tenemos que aceptar lo que no

> El luto no solo es
> para cuando muere
> una persona; es para
> cuando muere cualquier
> cosa: un sueño, una
> esperanza, un plan, una
> meta, una relación,
> una expectativa.

queremos aceptar, pero he descubierto que, si podemos separar las circunstancias que estamos enfrentando del propósito global de Dios para nuestra vida, entonces podemos tener la esperanza necesaria para seguir avanzando. En la medida en que podamos preparar nuestro corazón para dar pasos, avanzar y seguir aferrándonos a Dios, en esa medida habrá más espacio para oportunidades y resurrección, para una renovación y una vida futura. Si nos atascamos allí, entonces quizás haya menos oportunidad de que algo bueno pueda salir de una mala situación o de que pueda surgir esperanza de una situación sin esperanza o de que venga una resurrección de lo que parece una situación muerta. Tal vez, llamar a algo muerto por su nombre es el primer paso hacia adelante.

NO TODAS LAS TEMPORADAS DE LUTO SON IGUALES

Unos pocos años antes de que Catherine se fuera a la universidad, mi madre falleció. Ella dejó esta tierra el día de mi celebración de cincuenta años. Aunque había estado enferma durante algún tiempo y sabíamos que había empeorado recientemente, cuando hablé por video con ella antes de mi fiesta, no sabía que sería la última vez que hablaría con ella. Yo confiaba en que podríamos compartir más de nuestra vida juntas. Después del golpe inicial, descubrí que llorar su muerte fue totalmente diferente de cualquier otra cosa que haya experimentado. En los días antes de partir hacia Sídney para su funeral, no podía dejar de pensar en cómo nunca volvería a verla de este lado de la eternidad. Todo era tan definitivo, tan eterno. No era como soportar un luto por una transición menor con la esperanza de encontrar algo diferente del otro lado. Ella se había ido y yo me había quedado. La única transición sería aprender a vivir sin ella y yo no me sentía lista para eso.

Mamá fue la mujer que me amó antes de siquiera verme, la que me quiso, la que me adoptó y la que me nombró. Yo la amaba profundamente y ella a mí, aunque había veces cuando no nos entendíamos por completo. Yo no era la hija griega convencional y, de muchas maneras, mi relación con mi madre fue complicada. Ella tenía una visión diferente para mi vida que el camino que yo escogí y no fue sino hasta su muerte que llegaron a la superficie de mi corazón muchas cosas sin resolver, cosas que yo ni siquiera sabía que se hallaban enterradas en lo profundo de mi alma.

Lo que llegué a entender después de la muerte de mi madre es que la forma que toma nuestro luto y, quizás, su duración, es afectado por la cosa o la persona que estamos llorando y, tal vez también por todas las circunstancias que la rodean. Mi adaptación a la mudanza hacia Estados Unidos o a que mi hija se mudara de casa fue totalmente diferente que cuando tuve que decirle adiós a mi madre. Mi luto por ella fue mucho más profundo y largo que cualquier otro que haya experimentado. Tomó tiempo e, incluso cuando pensaba que ya lo había superado, regresaba como a escondidas y me sorprendía cuando menos me lo esperaba. Sin embargo, eso es lo que hace el dolor, ¿no es cierto? Nunca olvidaré cuando abracé a alguien que llevaba el perfume favorito de mamá, Chanel N° 5. Pensé que me desmayaría.

Con el pasar de los años, ya no soy tan susceptible. La temporada de mi luto se ha acabado, pero, hasta hoy, sigo extrañándola. Sigo teniendo su contacto «Mamá» y su número telefónico en mi lista de favoritos. No puedo soportar la idea de eliminarlo. Yo sé que ya no puedo llamarla, pero igual me gusta mantenerla cerca de esta manera.

Cuando estoy de luto, lo más común es que llore y me sienta triste y, sin embargo, por mi trasfondo griego tan expresivo, admito que a veces he sido más dramática. Por otro lado, Nick, con su trasfondo británico, es siempre estoico. Puede que yo sea la única persona que puede detectar un cambio emocional en él. Sin duda, la manera en que expresamos nuestro dolor es diferente para todos. He conocido personas que se vuelven insensibles o que les cuesta trabajo desenvolverse y otras que más bien se enojan o se frustran. Lo importante es ser pacientes con nosotros mismos y darnos el tiempo para llorar cuando es necesario.

Si vemos las Escrituras, hay momentos cuando esto es permisible y que incluso fueron diseñados específicamente para esto. Cuando Moisés murió, Dios dictó treinta días de luto. Cuando Aarón murió, lo lloraron durante treinta días.[3] Betsabé lloró la muerte de Urías durante el tiempo de su embarazo, cuando llevaba en el vientre al hijo de David.[4] Cuando

Jacob murió, los egipcios lo lloraron durante setenta días.[5] Además, las Escrituras nos ofrecen innumerables ejemplos de luto.[6] Aunque no estoy segura de por qué muchos tuvieron diferentes duraciones, lo que sí es claro es que es importante darnos tiempo para llorar.

Cuando yo era niña, cada vez que alguien de nuestra familia griega extendida moría, los miembros más ancianos de nuestra familia lo lloraban por cuarenta días. Como parte de esta tradición, demostraban su período de luto vistiéndose de negro durante este tiempo. En la generación de mis abuelos y de sus hermanos, era más común, pero yo apenas recuerdo haberlo visto. Por lo que mi madre me explicaba, era una tradición que ayudaba a las personas a reconocer la necesidad de llorar y, luego, de superarlo y avanzar; además, dejaba saber a otros en la comunidad que estaban de luto. En los días siguientes al funeral, mamá decía que la familia hacía una transición gradual de negro a gris y luego, a violeta, lo que representaba su avance de una tristeza profunda a etapas de menor tristeza.

Quizás, cuando nuestro luto intenta mantenernos vistiendo de negro, lo que necesitamos hacer es ser valientes y probar con algo violeta, en sentido figurado, aunque admito que el negro es mi color preferido de ropa. No estoy en estado de luto perpetuo ni voy de camino a otro funeral; simplemente, me gusta llevar negro la mayor parte del tiempo porque me va bien. Esto permite que piense menos en mi vestuario y más en todo lo demás. Mis hijas han intentado ayudarme a cambiar y, de cuando en cuando, he cedido un poco, pero siempre termino regresando al negro. En ese sentido, supongo que estoy atascada, pero no de una manera que me impida el futuro que Dios tiene para mí.

¿Y tú? ¿Hay algún lugar donde estés atascado? ¿Tu dolor te está limitando del futuro que Dios tiene para ti? ¿Hay algún lugar en tu corazón donde sigas vistiendo de negro, aunque parezcas estar vistiendo de violeta en el exterior? Es perfectamente posible contar un cuento (con nuestras actividades, nuestras expresiones y hasta nuestra ropa) de que todo va bien, cuando la realidad es que nuestro corazón sigue bajo un velo oscuro, cargado con un atuendo de luto. Para mí es un alivio que Dios prometa ayudarnos con todo esto si tan solo le abrimos la puerta. Él promete darnos «diadema en vez de ceniza, aceite de alegría en vez de luto, manto de alabanza en vez de espíritu abatido».[7]

¿CUÁNTO TIEMPO DURARÁ TU LUTO?

Cuando mi padre murió de cáncer, yo tenía diecinueve años. Uno de mis hermanos, George, era mayor y el otro, Andrew, era menor. Afirmar que estábamos perdidos se quedaría cortísimo de la realidad. Mi padre era tierno, amable y divertido. Lo adorábamos; era nuestro héroe. Mientras que mi madre solía perder el quicio por diferentes cosas, él era más tranquilo. Aunque lo amábamos profundamente y nunca podríamos haberlo olvidado, el tiempo avanzó… y nosotros también. Tuvimos que hacerlo, pero, de muchas maneras, mi madre no lo hizo. A la distancia, podría haber parecido que sí, porque sí continuó con su vida, pero dentro de nuestra familia, todos sabíamos que se había quedado atascada en un lugar de donde ninguno de nosotros podía sacarla. Durante años, no pudo sacar ninguna de las cosas de mi padre de su habitación. Ya que se estaba convirtiendo en un museo, yo evitaba entrar a su cuarto si podía. Si entraba y yo trataba de mover cualquier cosa, ella se molestaba de inmediato, como si estuviera manteniéndolo vivo con no mover nada; pero él no estaba vivo. Todo lo que pudimos hacer como familia fue sentarnos y mirar mientras se atascaba en su ropa, en sus ideas y en su perspectiva de la vida. Por más que la invitábamos y prometíamos salir con ella, no quería vivir ninguna nueva experiencia sin papá. Sí se presentaba para casi todas las fiestas familiares o los juegos de los nietos o las obras de teatro de la escuela, pero había momentos cuando parecía que no estaba presente. Estaba allí en lo físico, pero en lo mental y en lo emocional vivía en un pasado que ya no existía. Nos dolía saber que se estaba perdiendo de elementos de un increíble futuro lleno de vida y de esperanza con todos nosotros.

En la Biblia, Jacob respondió al informe de la muerte de José de la misma manera que mi madre al perder a mi padre. «Jacob rasgó sus vestidos, puso cilicio sobre sus lomos y estuvo de duelo por su hijo muchos días. Todos sus hijos y todas sus hijas vinieron para consolarlo, pero él rehusó ser consolado, y dijo: "Ciertamente enlutado bajaré al Seol por causa de mi hijo"».[8]

Jacob quedó en un estado de luto perpetuo. En algún punto de la vida, cuando perdemos a alguien a quien amamos profundamente o algo en lo que hemos invertido demasiado, fácilmente podemos ser tentados a hacer lo mismo. Podemos quedarnos atascados en ese lugar y, a menos que nos propongamos lo contrario, allí permaneceremos.

A veces, cuando nos descubrimos en tal lugar, necesitamos

ayuda. Sabemos por la Escritura que el profeta Samuel amaba mucho al rey Saúl; después de todo, fue el primer rey en ser ungido. Sin embargo, cuando Saúl desobedeció la instrucción de Dios, Él puso en marcha un plan para un nuevo rey. Samuel se afligió en lo profundo, tanto que Dios le preguntó: «¿Hasta cuándo te lamentarás por Saúl, después que Yo lo he desechado para que no reine sobre Israel? Llena tu cuerno de aceite y ve; te enviaré a Isaí, el de Belén, porque de entre sus hijos he escogido un rey para Mí».[9] Dios no estaba preguntando por insensibilidad, sino por amabilidad. Estaba ayudándole a Samuel a avanzar.

¿Cuánto tiempo durará tu luto? Es una buena pregunta y deberíamos hacérnosla si no queremos atascarnos mirando atrás. Después de un tiempo, yo misma tuve que hacerme esta pregunta cuando Catherine se mudó de casa: *Christine, ¿cuánto tiempo durará tu luto?*

Sí, en verdad lo hice, pero no estoy sugiriendo que pretendamos que las cosas nunca sucedieron ni que avancemos e ignoremos el dolor en nuestro corazón. Para nada. Lo que digo, es *muévete*. Supéralo. Supera el lugar de luto perpetuo. Supera el pasado y avanza hacia el futuro que Dios tiene para ti. Sé que hay momentos en nuestra vida cuando parecería que esta sugerencia es imposible; que no podríamos aceptar el final de una era; que no parecería que pudiéramos dejar de mirar atrás y

> **Supera el lugar de luto perpetuo. Supera el pasado y avanza hacia el futuro que Dios tiene para ti.**

comenzar a mirar hacia adelante; sin embargo, creo que sí es posible, incluso en medio de las peores circunstancias, porque Dios no espera que lo hagamos solos. Él quiere que confiemos en lo que sí sabemos y le confiemos a Él lo que no. Él anhela que descubramos que es posible en Él, con Él y por medio de Él. En la esperanza que es Él.[10] En la esperanza que Él da.[11] Con su presencia.[12] Y por medio del poder que Él ofrece.[13]

ME QUEDAN MONTAÑAS POR ESCALAR

Cuando comenzó la pandemia en 2020 y ya no podía viajar como lo hice durante años, mi amiga Dawn me invitó a hacer senderismo. Siempre disfruté ser activa y salir a correr o a disfrutar de la naturaleza, pero desde que me mudé a Estados Unidos, mi agenda no me permitió experimentar ninguno de sus parques nacionales ni ver de cerca sus montañas y ríos. Durante más de una década, pasé mi tiempo volando de ciudad a ciudad, hablando en iglesias y en conferencias y pasando mi tiempo con personas. Cuando salíamos de vacaciones como familia, usualmente volábamos al destino, en lugar de conducir. Así que, aunque había cruzado de ida y vuelta Estados Unidos varias veces, seguía sin ver lo que se hallaba fuera de sus ciudades.

Al inicio, consideré la invitación de Dawn como una manera para salir de la casa a un lugar donde pudiera practicar el distanciamiento social. No me imaginaba que conduciría a toda una nueva serie de aventuras en mi vida, de ver la creación de Dios más de cerca, de incrementar mi fortaleza mental y física. Además, durante un tiempo en el que nuestro mundo pasaba por tanta tristeza, tantas pérdidas, tanto dolor, se convirtió en una forma de evitar que todo eso se concentrara en mi interior. Salir me ayudó a exigirme en lo físico de una manera que me ayudó en lo espiritual, en lo mental y en lo emocional. Había algo terapéutico en estar en contacto con la creación de Dios, en la naturaleza, en ver los árboles, las cascadas y la vida salvaje, en experimentar todos los diferentes olores y sonidos. Me dio esperanza y vida en medio de una temporada de tinieblas, temor y aislamiento. Al principio, no tenía idea de todas las maneras en que me mantendría avanzando durante la temporada de pandemia que todos estábamos atravesando, pero así fue.

No obstante, por más genial que fuera y que sigue siendo, descubrí que el senderismo a mi edad es completamente diferente a lo que pudo haber sido de haber comenzado yo más joven. Al escribir esto, siento el dolor y el achaque de cada uno de mis cincuenta y seis años. Ahora entiendo que el precio para ver Estados Unidos de cerca es mucho más alto que el boleto de entrada al parque nacional. Acabo de hacer una caminata por el Gran Cañón, de un extremo del río al otro y, aunque me faltan palabras para describir lo extraordinario y hermoso que es, apenas puedo caminar. Un grupo de nosotros, incluyendo Dawn y Nick, tomamos la ruta Bright Angel al fondo del cañón, donde vimos el río Colorado, y luego regresamos por la ruta Kaibab, unos 26,5 km (16,5 mi) en total. Recorrimos cerca de 1480 m (4860 ft) de desnivel negativo en el descenso y 1360 m (4460 ft) de desnivel positivo en el ascenso y las vistas fueron espectaculares. A medida que recorríamos las variaciones en las capas de roca, vimos hileras de mulas y estructuras históricas. Pasamos junto a hermosa vegetación y captamos vistazos de las aves que hacen su hogar en el cañón. Aprendí muchísimo… y no solo sobre el cañón.

Tuve que aceptar que hay cosas que mi cuerpo sencillamente ya no puede hacer. Ahora bien, esto fue más fácil de aceptar que muchas de las otras pérdidas que he compartido en este capítulo, pero sigue siendo una pérdida. Cuando era más joven, podía jugar tenis de mesa y fútbol. Podía correr y caerme y levantarme de nuevo rápidamente. Ahora, cuando hago senderismo, tengo que cubrir con hielo todas mis articulaciones adoloridas. Hay momentos en que he tenido que usar una férula en mi brazo para estabilizar una fractura o usar una bota porque me lastimé un pie. Antes, nunca me importaba qué tipo de zapatos usaba, porque no era necesario. Ahora, busco solo los que tienen descripciones con las palabras *soporte* y *amortiguación*. Si te estás riendo, es solo porque no has llegado a mi punto aún.

A pesar de todos los achaques e inconveniencias, sé que hay más montañas y cañones que escalar, mientras pueda hacerlo. Y, cuando ya no pueda, caminaré como la pareja de ochenta y cinco años que lentamente pasan por enfrente de mi casa todos los días. Me encantan, tomados de las manos, sin pensar en las montañas que ya no pueden escalar, pero disfrutando cada caminata por la tarde que aún pueden completar.

Al verlos, me he dado cuenta de que puedo llorar por todo lo que se ha envejecido y quedarme en casa y atascarme como mi madre lo hizo y no salir a nuevas aventuras, o puedo aprender a sanar mis heridas y seguir adelante. Si sigo mirando atrás, me perderé del resto de mi vida y de todos los planes y propósitos que Dios tiene para mí. Si escojo seguir avanzando, con la ayuda de Dios, no me perderé de nada.

Acuérdense de la mujer de Lot

Mirar atrás con añoranza puede costarnos el futuro que Dios tiene para nosotros adelante, tal como le sucedió a la mujer de Lot.

1. Compartí que, en los momentos cuando me descubrí añorando que las cosas fueran como antes, anhelando que Catherine volviera a casa, encontré que orar fue lo más útil. Al reflexionar en el área en que estás atascado, comienza a orar por las siguientes cosas: *Dios, reconozco que estoy atascado, que estoy mirando atrás y añorando _____. Quiero ser libre en ti y para ti. Por favor, dame la gracia, por tu Espíritu y en tu fuerza, para tomar los pasos que necesito para desatascarme y avanzar, con fe y valentía, hacia el futuro que tienes para mí.*

2. Cuando no hemos identificado lo que hemos perdido específicamente en una transición, no podemos tener un luto completo... y podemos atascarnos por culpa de esto. Durante mi mudanza, fue importante para mí identificar las cosas que estaba extrañando para poder llorar por ellas. Al reflexionar en un área en la que has estado (o estás) atascado, toma tiempo para enumerar qué cosas específicas has extrañado (o extrañarás) por causa de esta transición.

TRES

Avanza porque somos quien Dios dice que somos

—Gracias por venir, señora Caine. Si llena estos formularios y autorizaciones y me los devuelve, podemos pasarla con el médico tan pronto como sea posible —me dijo la recepcionista, mientras me entregaba una pila de papeles.

—Por supuesto, gracias.

Acababa de descubrir que estaba embarazada por primera vez y no estaba completamente segura de que mis pies hubieran regresado a la tierra aún. Nick y yo habíamos estado casados durante cinco años y habíamos disfrutado muchísimo estar solos y, ahora, estábamos listos para empezar una familia. Sin embargo, como cualquier padre primerizo, creo que estábamos más listos en el corazón que otra cosa. Ciertamente, no teníamos experiencia para la aventura que vendría y, aun así, estábamos dispuestos a avanzar con lo que Dios tenía ahora para nosotros.

Dejé mi bolso en una silla y comencé a rellenar la primera página. Había muchas cosas que leer, tantas que aceptar y demasiado en qué pensar. Al llenar los espacios y rellenar campos, hice mi mejor esfuerzo por responder lo que me parecieron cientos de preguntas. Desde mi nombre y mi fecha de nacimiento hasta cirugías mayores y enfermedades; les dije todo lo que sabía, hasta la fecha de mi último período.

Al completar mi historial médico materno, comencé a avanzar por la lista de situaciones de mi lado paterno de la familia que pudieran afectarme.

¿Presión arterial alta? No.

¿Enfermedades cardíacas? No.

¿Diabetes? No.

¿Cáncer? Sí. Apenas terminé de escribir las explicaciones requeridas: «Mi padre murió de cáncer en 1985», y entonces me di cuenta… una vez más.

Santo cielo, ¿en qué estoy pensando? Soy adoptada. ¿Cómo puede importar en mi historial médico que mi padre haya muerto de cáncer? Todo este papeleo… todos los formularios que he llenado durante años… son irrelevantes. Llevo toda mi vida de adulta llenando formularios, pensando que mamá y papá son mi mamá y mi papá… y sí lo son, pero su salud no afecta la mía. ¿Cómo saber qué escribir?

Sentada allí, con los papeles en la mano, bajé el bolígrafo por un momento. *¿Dibujo una X enorme en la mayoría de las páginas? ¿Regreso al mostrador e intento explicar mi pasado? ¿Qué se supone que debo decir?*

No podría imaginar cómo explicar de forma racional que, por primera vez en mi vida, el historial médico que siempre había reportado sencillamente no era verdad. Y el historial médico que debí de haber reportado no lo conocía. Porque meses antes, justo antes de mi cumpleaños treinta y tres, descubrí de forma inesperada que yo era adoptada. Además, no había considerado todas las maneras en que afectaría mi vida. Una vez que superé el choque inicial, supuse que estaría bien, pero, hasta ahora, hubo choques adicionales y aquí estaba yo, en otro de ellos.

Con un nudo en la garganta, escribí la palabra «adoptada» en todas las preguntas que sencillamente no podía responder. Se sintió extraño, pero tendría que ser suficiente. Después de entregar los papeles de vuelta a la recepcionista, regresé a mi asiento para contemplar cómo resolvería esta nueva revelación. Había pasado toda mi vida adulta recordando y reportando información médica que se suponía era importante y, de pronto, sentí que ya no tenía nada importante que reportar. *¿Cómo se supone que sepa qué hacer?*

Aquí es donde me di cuenta de otra cosa. Había pasado casi dieciséis años con la idea en el fondo de mi mente de que mi padre había muerto de cáncer y que, por tanto, era posible que yo también tuviera cáncer algún día, pero en realidad él no era mi padre biológico. Si algún día enfermaba de cáncer, no sería por una predisposición genética, porque no era posible tal predisposición... al menos no que yo supiera. Me llevé la mano a la frente. Casi me sentí tonta al pensar que, durante dieciséis años, había cargado con esta preocupación. Era difícil creer todos los caminos de locos que había recorrido en sitios médicos en línea y cuánto tiempo de sueño había perdido con los años, dando vueltas y girando, preguntándome si lo mismo que le sucedió a mi padre me sucedería a mí. Dejé salir un gran suspiro, como para liberar mi mente de todo el ruido, recargué mi cabeza en la pared y cerré los ojos. Una parte de mí aún quería saber lo que no sabía (lo que era verdad) y mis pensamientos no pudieron más que regresar a mi madre biológica. *Tal vez, debería considerar buscarla. Ella es la única que puede ayudarme a llenar todos los espacios en blanco que desconozco... sobre mi historial médico y sobre tantas otras cosas. Y, tal vez, podría darle algo de vuelta. Quizás, le gustaría saber que estaba por tener un nieto.*

Allí, en la oficina del médico, comencé a preguntarle a Dios si quería que la encontrara. Si quería que la contactara. Si quería que le compartiera cómo había resultado todo. ¿No querría ella saberlo? Recuerdo decirle a Dios que me encantaría que viera el fruto de su decisión de tenerme. Tal vez, podría agradecerle y compartirle cómo Jesús transformó mi vida. Me encantaría que supiera que mis padres me amaban, que tenía dos hermanos, que me había casado con un buen hombre y que estaba por tener un bebé. Me encantaría que tuviera paz, si es que seguía cuestionando su decisión.

Y me encantaría conocer su historia y quién podría ser mi padre. Por supuesto, no quería causarle problemas ni molestar a su familia, pero, por primera vez, quise saber más de ella que lo poco que había descubierto por los documentos que el Departamento de Servicios Sociales me había enviado... mi acta original de nacimiento y el papeleo de su estancia en el hospital. Eso era todo. A partir de estos documentos, descubrí su nombre, que era soltera, que había llegado sola al hospital y que se había ido sin darme un nombre. Tal vez, no darme un nombre había hecho que le fuera más fácil dejarme.

Durante los seis meses siguientes, todo lo que hice fue

orar. Seguí preguntándole a Dios si debía contactarla y, en ocasiones, pensé en lo que le diría. Tuve conversaciones imaginarias con ella donde todo salía perfectamente, donde ella me respondía gustosa todas mis preguntas y me compartía por qué sintió la necesidad de dejarme ir. Sin embargo, también había otra conversación, una en la que me preparaba para lo peor. Sabía que todo era posible y, por eso, seguía regresando a lo que sabía que era verdad y, en ese punto de mi vida, lo único que sabía que era verdad y que creía que podía confiar plenamente era Dios y su Palabra. En ese momento, cuando dejé de luchar, encontré paz y decidí que la buscaría.

ELLA ME DIO UN FUTURO

Contacté a mi amiga Mary, una trabajadora social que conocía bien el proceso de adopción en Australia y le pedí que me ayudara a entender dónde comenzar. No solo estuvo dispuesta a caminar conmigo y a aconsejarme, sino que también su conocimiento y su amistad facilitaron que fuera honesta en cuanto a mis preocupaciones. Durante meses, mientras ella guiaba el proceso de investigación, hablamos sobre si era lo correcto o no y sobre si sería sano para mí y para la mujer que pudiéramos encontrar. Debatimos sobre la forma de contactarla y, cuando Mary me pidió que hablara con profesionales expertos en adopción, tomé su consejo.

En mi caso en particular, ellos recomendaron una llamada. Si enviaba una carta, podía caer en las manos equivocadas; podía ser leída por alguien en su familia y causarle problemas que nunca fueron mi intención. Si la llamaba y alguien más me acompañaba, podría oír su voz y otra persona moderaría nuestra conversación. Me ayudaron a imaginar cómo podría afectarla todo esto, cómo sería una gran sorpresa para ella. Mi adopción había sido cerrada, lo que implica que nunca hubo contacto entre mi madre biológica y mis padres adoptivos, ni conmigo; sin embargo, las leyes habían cambiado y se habían abierto puertas. Me explicaron que, en muchos casos como el mío, la madre no le dice a nadie. Tampoco el padre. Alguien como yo puede ser el secreto que acordaron guardar para siempre.

Mary fue muy amable y accedió a ser nuestra moderadora. Nunca olvidaré mirar fijamente el teléfono en su escritorio mientras ella marcaba el número. Al escuchar el primer tono, mientras esperábamos que alguien contestara, tuve que hacer mi mejor esfuerzo por mantenerme en calma. Mi cabeza palpitaba, mi corazón se aceleraba y mi estómago se retorcía. Aquel día, en la oficina del médico, había sentido curiosidad, pero ahora estaba sucediendo y no podía evitar cuestionarme todo. *¿Qué tal si tomé la decisión equivocada? ¿Qué tal si todo fue un gran error? ¿Qué tal si mi madre biológica no quiere volver a oír de mí? ¿Qué tal si me rechaza de nuevo? Tal vez, no sea un riesgo que esté dispuesta a tomar después de todo.*

El teléfono sonó una segunda vez, sacudió mis pensamientos y no pude más que echar una mirada inquisitiva hacia Mary. ¿Estaba pensando ella en lo mismo que yo? ¿También ella creía que lo mejor sería colgar?

Mary entendió lo tensa que estaba y me sonrió en su mejor esfuerzo por darme confianza. Dirigí mis pensamientos a toda la diligencia que había puesto para este momento e intenté tranquilizarme. Mary y yo habíamos buscado a Dios y su guía una y otra vez. Habíamos orado juntas antes siquiera de llamar al número de mi madre. Yo tenía que seguir poniendo esto en las manos de Dios y confiar en Él. Este no era momento para mirar atrás.

El teléfono sonó una tercera vez. Se acabó. Ya no podía soportarlo más. Quería que Mary colgara y, sin embargo, no quería seguir viviendo en este lugar de incertidumbre perpetua, de preguntas sin responder, de ni siquiera intentar conectarme con la mujer que me había dado a luz.

En ese momento, el teléfono dejó de sonar y, durante un milisegundo, me convencí de que mi corazón había dejado de latir.

—¿Qué tal? —respondió un hombre. ¿Era su marido? ¿Su hijo, mi medio hermano?

Mary, siempre profesional, se acercó a la bocina y se encargó de lo que yo había sido incapaz de hacer. Dio el nombre de mi madre biológica y pidió hablar con ella.

Momentos más tarde, escuché lo que había esperado durante meses:

—¿Qué tal? ¿Cómo puedo ayudarle?

Era la primera vez que escuchaba la voz de mi madre y las palabras en griego me dieron un poco de consuelo. Para establecer la conexión, Mary escogió también hablar en griego.

—Mi nombre es Mary y soy trabajadora social —dijo—. Le tomaré solo un momento de su tiempo. Le daré una fecha y, si quisiera continuar después la conversación, está bien. Si no, terminaré la llamada.

Mary tomó silencio como permiso para continuar y

prosiguió con la fecha de mi nacimiento, una fecha que mi madre seguramente recordaría: 23 de septiembre de 1966.

Hasta este día, puedo escuchar el soplido audible que siguió. El pánico repentino. El temor innegable.

—No quiero problemas; no quiero problemas —exclamó—. No quiero problemas; no quiero problemas —repitió.

Yo miré a Mary, con lágrimas acumulándose en mis ojos, y comencé a sacudir frenéticamente la cabeza. Quería terminar la llamada en ese momento. Durante todo el proceso, tuve la sensación de que nadie en la familia de mi madre había sabido que estaba embarazada de mí; que lo más probable es que lo hubiera escondido de todos; y que, una vez que había nacido, probablemente continuó con su vida, se casó y tuvo otros hijos.

No quería causarle dolor a esta mujer. No quería arruinar su vida. Ella me había dado vida y la oportunidad de tener vida, una que ella probablemente nunca habría podido darme. La época cuando me llevó en su vientre había sido marcada por diferentes expectativas y estándares sociales. Yo había investigado lo suficiente para saberlo y, según mis propias experiencias al crecer en la cultura griega, al saber cómo eran tratadas las mujeres embarazadas solteras, imagino que una chica griega de veintitrés años, soltera, embarazada en Sídney, Australia, en 1966 nunca habría logrado cuidar de una bebé ella sola… y ciertamente habría permanecido sola por el resto de su vida. Las mujeres en nuestra comunidad eran rechazadas y marginadas por embarazarse fuera del matrimonio. Mi madre se habría sentido terriblemente asustada, vulnerable y sin opciones. Mi padre ni siquiera estaba mencionado en mi certificado de nacimiento, así que era claro que no figuraba en la imagen. No había recursos gubernamentales ni de caridad que le permitieran vivir por su cuenta, mucho menos cuidar de mí, aunque había lugares donde podría haberse quedado durante parte de su embarazo… si es que tenían espacio y la aceptaban. Estos lugares a menudo eran llamados hogares para madre y bebé u hogares para infantes, pero el nombre no importa; la realidad es que eran lugares llenos de vergüenza donde las mujeres eran obligadas a hacer trabajo físico a cambio de un lugar para vivir antes y después de dar a luz.[1]

Si tenía un lugar donde vivir, lo más probable es que no pudiera ganar lo suficiente para mantenernos a las dos. ¿Cómo me criaría? Probablemente, sintió que la mejor opción sería que fuera criada por una pareja casada, que estuviera en una familia que me aceptara.

La realidad es que pasó por muchos problemas para darme a luz y, dado lo que enfrentaba, eso significa que era una mujer asombrosa y valiente que quería que yo tuviera el mejor futuro posible. ¿Cómo podría causarle problemas ahora?

Mary asintió con la cabeza y procedió de la manera que habíamos acordado si mi madre mostraba cualquier tipo de resistencia:

—No habrá problemas. Terminaré esta llamada, pero antes de que cuelgue, su hija me pidió que le diera las gracias por tenerla y que le dijera que está casada y que tendrá un bebé y que su vida es maravillosa. Está agradecida con usted y por usted.

Y, con eso, la madre que me dio a luz, la madre con la que quería conectarme, la única mujer que podía responder todas mis preguntas cuyas respuestas me habría encantado descubrir, colgó el teléfono.

Hasta este día, esas fueron las únicas palabras que le escuché articular y, cuando las repaso en mi mente, lo único que puedo recordar es su temor. Nunca sabré cómo se oye su voz normal, relajada y cotidiana. Nunca conoceré el sonido de su risa, de su gozo, de sus historias. Solo puedo conocer el sonido de lo que escuché ese día... y no puedo evitar preguntarme si eso fue lo que sentí yo en el vientre. Debió de haber estado aterrada todo el tiempo. Tal vez, la forma en que se sintió es parte del porqué he tenido que luchar contra los tres grandes toda mi vida: el temor, la vergüenza y la culpa.[2] Sin embargo, sin sus respuestas, nunca lo sabré de verdad.

ILEGÍTIMA: LA ETIQUETA QUE NOS MANTIENE MIRANDO ATRÁS

A partir del día en que mi madre colgó el teléfono, pude haber pasado el resto de mi vida mirando atrás y repitiendo sus palabras: «No quiero problemas» e interpretar *problemas* como un sinónimo de mi nombre. Literalmente, pude haberme calcificado como la mujer de Lot en ese momento, anhelando la aprobación, la afirmación y el amor de mi madre. No obstante, si hubiera cedido ante ese impulso, todos mis detonadores de vergüenza se habrían activado y, sin dudas, me habría quedado atascada, escuchando lo que no era verdad: que representaba un problema demasiado grande para merecer un nombre, que era indigna del amor y la aceptación y que estaba siendo abandonada de nuevo, que había algo intrínsecamente mal en mí y que era ilegítima.

Es difícil creerlo en esta época, pero, en 1966, literalmente se me consideraba una hija ilegítima. Es tan difícil comprender cómo solía ser el mundo para los niños cuyos padres no estaban casados, pero un artículo que leí lo explica con lujo de duros detalles:

«En el siglo XIX y principios del XX, se creía que los niños que nacían fuera del matrimonio representaban importantes problemas sociales y de salud pública [...]. Como etiqueta, la ilegitimidad describía su estatus colectivo como marginados que, en lo legal y lo social, eran miembros inferiores de familias legítimas encabezadas por parejas casadas. Los padres biológicos solteros y sus hijos sufrían penalidades que iban desde el confinamiento en hogares de maternidad aislados y en peligrosas granjas de bebés hasta el rechazo por parte de los padres y la desaprobación de la comunidad».[3]

Me duele hasta escribir esto. ¿Cómo puede alguien etiquetar a un bebé como marginado? ¿O como socialmente inferior? ¿Solo por el estatus marital de sus padres? Es inconcebible y, sin embargo, ha sucedido en toda la historia en todas partes del mundo.

Nunca conoceré todos los detalles de mi nacimiento, aunque he descubierto tanto como me ha sido posible por los fragmentos de información con que me he topado. «En 2012, una investigación gubernamental descubrió que médicos, enfermeras, trabajadores sociales y figuras religiosas habían asistido en lo que se ha descrito como granjas institucionalizadas de bebés. Las adopciones forzadas en Australia constituían la práctica de quitarle a una madre soltera a su bebé, en contra de su voluntad, y darlo en adopción. Algunas madres eran coaccionadas, drogadas y se obtenía su consentimiento de forma ilegal».[4] Por esta razón, recibí una carta oficial de disculpas del gobierno de Australia en 2013.

Me encantaría pensar que esto ya no sucede hoy, pero, por mi trabajo en A21, sé que sigue sucediendo, aunque es ilegal en la mayor parte de los países modernos. Pensar que mi madre biológica pudo haber sido sometida a este tipo de ambiente o de trato me compromete más con el trabajo que hacemos. No tengo manera de saber a ciencia cierta si los profesionales médicos o los líderes espirituales en los que mi madre biológica confió la obligaron a deshacerse de mí, pero fui incluida en la disculpa nacional por razones que solo podría especular. De cualquier manera, sí sentí que fue algo más que tendría que sanar en mi corazón.

Y, sin embargo, con todo lo que he tenido que sanar, he aprendido que el sentimiento de ser ilegítimo puede sucederle a cualquiera. Cuando nos sentimos fuera de lugar, como si no encajáramos. Cuando nos sentimos que no somos bienvenidos, que nos están tomando la medida o que no somos suficientes. Cuando nos sentimos descartados, marginados o inseguros. Cuando sencillamente nos rechazan o nos cancelan. Cuando sentimos que tenemos que llegar a la altura para ser aceptados, pero simplemente no podemos llegar a la altura. Si alguna vez te han etiquetado de ilegítimo (y pienso que todos nosotros lo hemos sido, de forma explícita o implícita), entonces sabrás lo dolorosa y lo poderosa que puede ser la etiqueta. Sabrás cómo te roba tu libertad, a medida que te ata con cadenas de temor, de vergüenza y de culpa.

Qué importante es aprender a escuchar la voz de nuestro Padre por sobre todas las demás voces, incluyendo la nuestra, y a descansar en su amor. Saber esto hasta en mis huesos es lo que me permitió no atascarme en otro momento de rechazo cuando mi madre dijo: «No quiero problemas».

Cuando nos acercamos a nuestro Padre, Él siempre nos dirá que somos suyos, que nos ama, que somos suficientes y que somos un hijo o una hija amada. En múltiples traducciones, Dios nos da su garantía cientos de veces.[5] Cuando leo sobre cómo se siente Dios respecto a nosotros, no puedo evitar sentir su amor infinito. No puedo evitar sentir su actitud hacia nosotros. «Miren cuán gran amor nos ha otorgado el Padre: que seamos llamados hijos de Dios. Y eso somos».[6]

Él quiere que estemos convencidos de que somos sus hijos e hijas, sus amados, porque saber cuán amados y deseados somos nos ayudará a seguir avanzando cuando todo y todos nos dicen que no pertenecemos, que no merecemos su amor, que somos ilegítimos.

UN HIJO AMADO DE DIOS: LA VERDAD QUE NOS MANTIENE AVANZANDO

Desde que mis hijas eran pequeñas y hasta este día, cuando corren a los brazos de mi esposo, Nick, y se abrazan de él, nunca han sido rechazadas. Todas las veces, cuando las ve venir, abre los brazos para recibirlas. Le hace bien a mi corazón verlo ser un padre para Catherine y Sophia de esta manera; ver cómo las mira; ver cómo sus rostros se iluminan. No estoy implicando que Nick sea perfecto, porque no puede serlo, pero sí hace su mejor esfuerzo por ser un ejemplo para nuestras hijas de la manera en que nuestro Padre celestial nos recibe, de la manera en que nos ve, nos conoce, quiere que sintamos su amor y que le pertenecemos.

Sé que esto es difícil de imaginar si tu relación con tu padre terrenal no fue la mejor o hasta fue innegablemente traumática, pero Dios es un Padre perfecto y amoroso. Es imposible que no sea bueno. No tiene ningún lado oscuro; de hecho, la Escritura nos menciona: «Y este es el mensaje que hemos oído de Él y que les anunciamos: Dios es Luz, y en Él no hay ninguna tiniebla».[7] Y, aunque el Enemigo de Dios y de nuestra alma puede intentar con todas sus fuerzas y por todos los medios hacernos dudar y desconfiar del amor de Dios por nosotros, Dios, que no puede mentir,[8] ha dejado por escrito su amor: «Porque de tal manera amó Dios al mundo, que dio a Su Hijo unigénito, para que todo aquel que cree en Él, no se pierda, sino que tenga vida eterna».[9]

> No eres un candidato para el amor de Dios. Eres un objeto de su amor.

No eres un candidato para el amor de Dios. Eres un objeto de su amor. Esa es tu identidad. Eres amado por Dios y eres buscado por Él. Y, cuando tú o yo buscamos a Dios, quien nos está buscando, al colocar nuestra fe en Cristo, ¿qué sucede? Somos adoptados en su familia y hechos sus hijos.

Cuando vino la plenitud del tiempo, Dios envió a Su Hijo, nacido de mujer, nacido bajo la ley, a fin de que redimiera a los que estaban bajo la ley, para que recibiéramos la adopción de hijos. Y porque ustedes son hijos, Dios ha enviado el Espíritu de Su Hijo a nuestros corazones, clamando: «¡Abba! ¡Padre!». Por tanto, ya no eres siervo, sino hijo; y si hijo, también heredero por medio de Dios.[10]

Me encanta que la adopción esté en el centro del evangelio... y no por ser adoptada. Bueno, tal vez un poco por ser adoptada. Sin embargo, la verdad es que Dios pudo haber usado cualquier metáfora para explicar cómo nos salvó o cómo nos volvimos parte de su familia, pero usó esta metáfora íntima de la adopción para mostrarnos que en realidad nos escogió. Él no simplemente nos tolera porque sea su obligación, sino que voluntariamente escogió que fuéramos sus hijos porque nos ama.

Quiero que medites en eso por un momento. El Rey del universo nos ha adoptado en su familia y en ello se fundamenta nuestra identidad y legitimidad. Hemos sido diseñados para vivir seguros en el amor de Dios, con la certeza de que no somos ilegítimos ni huérfanos, sino sus hijos amados. La realidad es que a veces externalizamos la fuente de nuestra seguridad cuando hacemos a otros nuestra autoridad, cuando consideramos su opinión sobre nosotros como algo más importante que la verdad de Dios sobre nosotros. Si hacemos esto durante suficiente tiempo, puede desviarnos de los propósitos de Dios y llevarnos a una misión personal donde buscamos nuestro valor, nuestra importancia y nuestra identidad en aquellos que no pueden dárnosla, ya sea nuestro jefe, nuestro cónyuge, nuestros amigos, nuestros mentores, nuestros seguidores o nuestros hijos.

En la vida, la posición más insegura en la que podemos estar es una donde tenemos algo que probar o que perder; de manera que, cada vez que te descubras buscando tu seguridad en cualquier persona o cosa que no sea Dios, te verás plagado de inseguridad. ¿Puedes pensar en alguien en tu historia que tiene este lugar de poder sobre ti? ¿A quién sigues buscando, desesperado por su aceptación? ¿Por su validación? ¿Por hacerte sentir seguro cuando solo Dios puede hacerlo?

Tal vez estás mirando atrás...

- a un padre que nunca estaba satisfecho;
- a una madre que nada le complacía;
- a un maestro que dijo que nunca lograrías nada;
- a un excónyuge que dijo que nadie nunca te amaría;
- a tus compañeros groseros de escuela secundaria o de bachillerato que se burlaban de ti por tu cuerpo;
- al jefe que ascendía a todos menos a ti.

O, quizás, estás mirando atrás a lo que consideras tu peor error, uno por el que te sigues definiendo.

En lugar de echar un vistazo atrás para aprender, crecer, madurar y arrepentirnos, nos hemos acostumbrado a mirar atrás constantemente y esto nos ha dejado atascados, y hasta obsesionados, con el pasado. Hemos permitido que lo que está allí atrás nos defina, nos limite, nos etiquete y nos atrape. Sin embargo, el mismo Jesús que vino a liberarnos del pasado nos dijo que nos acordáramos de la mujer de Lot y, cuando lo hacemos, recordamos la importancia de superar nuestro pasado y avanzar hacia el futuro.

Somos cautivos cuando estamos en una misión en búsqueda de amor, pero libres cuando estamos seguros del amor de Dios. La carrera en busca del amor no es la que Dios nos ha llamado a correr como sus hijos e hijas.[11] En Cristo, podemos correr desde la línea de partida de la aceptación, seguros en el amor de Dios. Él quiere que estemos convencidos de que somos sus hijos e hijas, sus amados, porque saber cuán amados y deseados somos nos ayudará a seguir avanzando cuando todo y todos nos dicen que no pertenecemos, que no merecemos su amor, que somos ilegítimos.

Saber que he sido adoptada en la familia de Dios es la fuente de la confianza que tengo en que soy su hija. No hay nada más íntimo que Dios pudiera haber hecho por nosotros que adoptarnos y, cuando confiamos en que Él nos ve, nos conoce y nos ama, podemos vivir sin temor. Podemos dar pasos en fe y avanzar hacia el futuro plenamente confiados en que nuestro Dios está con nosotros y por nosotros, en que nos protege y nos guía. Podemos enfrentar los inevitables altibajos de la vida con la certeza de que Dios es nuestro Padre celestial y que está dispuesto a ayudarnos, incluso cuando experimentamos los miedos que todos tenemos:

- ¿Qué pasará si pierdo mi trabajo?
- ¿Qué pasará si alguien me traiciona?
- ¿Qué pasará si esta relación no funciona?
- ¿Qué pasará si me quedo sin dinero?
- ¿Qué pasará si mi hijo se descarría?

Si queremos seguir avanzando y dejar de mirar atrás, debemos obtener nuestra identidad, nuestro valor, nuestra importancia y nuestra seguridad en Dios y no en otras personas, posesiones ni logros. Sé de primera mano que es más fácil decirlo que hacerlo, pero es posible mediante la fortaleza del Espíritu de su Hijo que mora en nosotros y que nos mueve a clamar una y otra vez: «¡Abba, Padre!».

Recordemos que somos herederos de Dios y que nuestra herencia como sus hijos no es vergüenza, temor ni culpa, sino libertad, vida, gozo, paz y esperanza en Cristo. Si eres seguidor de Cristo, te aseguro que no eres ilegítimo; no importa lo que otros te hayan dicho o hayan hablado de ti; no importa lo que los demás te hayan hecho; no importa los errores que hayas cometido ni los fracasos que hayas experimentado. Eres su hijo adoptado, amado y escogido. Él te ha amado desde antes de la fundación del mundo. Y no dejará de hacerlo.

> Eres su hijo adoptado, amado y escogido. Él te ha amado desde antes de la fundación del mundo.

EL AMOR DE DIOS NOS VE Y SE MANIFIESTA

Por experiencia y por la Palabra de Dios, sé que el enemigo nunca dejará de usar personas, palabras, circunstancias, condiciones, fracasos o defectos para enviar su mensaje de que somos ilegítimos y de que no somos amados.[12] Él sabe que, si puede hacer que nos creamos esa etiqueta, puede dejarnos atascados en el pasado, separados de los planes y propósitos futuros que Dios tiene para nosotros.

Sin embargo, ¡nuestra historia no terminará de la manera que pretende el enemigo! Dios no es distante ni está ausente, ni en nuestra vida ni en la de los demás. No es un Padre descuidado. Es un Padre que está presente y cercano a los quebrantados de corazón.[13] Él nos ve y nos escucha, sin importar lo que estemos atravesando, hoy, justo en donde estamos. Es sensible hacia lo que más nos importa en cualquier momento dado. Y Él nos ayudará. Eso es parte de quien Él siempre ha sido.

¿Recuerdas la historia de la Biblia en la que Potifar echa a José a la cárcel?[14] Cuando leo esta historia, no puedo evitar preguntarme si detonó los recuerdos de José de cuando sus hermanos lo habían lanzado al pozo años antes. No entraré en todos los detalles del relato de Génesis, pero, cuando sus hermanos lo lanzaron al pozo, le quitaron a José su estatus como hijo, su hogar, su familia y su identidad. Cuando fue echado a la cárcel, le quitaron su libertad. Todo esto lo dejó con las manos vacías. Todo lo que había vivido clamaba a voces: «¡Ilegítimo, despreciado, abandonado, solo!». ¿Cómo no iba a ser así?

Sin embargo, Dios nunca olvidó a José. Tal como Dios abrió el camino para que fuera sacado del pozo años antes, ahora abrió el camino para que fuera liberado de la cárcel. Entonces, Dios elevó a José a un lugar de prominencia de forma que, por medio de él, toda la nación de Israel tuviera provisión durante la época de la gran hambruna. El testimonio de

José no fue de la ausencia de Dios ni de su abandono, sino de su presencia y redención. Más tarde, cuando se reunió con sus hermanos, proclamó: «Ustedes pensaron hacerme mal, pero Dios lo cambió en bien para que sucediera como vemos hoy, y se preservara la vida de mucha gente».[15]

Cuatrocientos años después, los descendientes de José, los hijos de Israel, se encontraban atrapados en esa misma tierra, esclavos del amo más cruel, sin ayuda, sin esperanza y, aparentemente, sin futuro. Toda su condición describe la trama familiar que buscaba oprimirlos bajo la misma terrible etiqueta: «¡Ilegítimos, despreciados, abandonados, solos!».

Sin embargo, Dios escuchó su clamor y, en conversación con su siervo Moisés, dijo:

Ciertamente he visto la aflicción de Mi pueblo que está en Egipto, y he escuchado su clamor a causa de sus capataces, pues estoy consciente de sus sufrimientos. Así que he descendido para librarlos de manos de los egipcios, y para sacarlos de aquella tierra a una tierra buena y espaciosa, a una tierra que mana leche y miel.[16]

Lo mismo que Dios dijo a los hijos de Israel en sus sufrimientos es lo que nos dice a ti y a mí:

- **He visto.** Te veo justo donde estás y en todo lo que estás pasando.
- **He escuchado.** Escucho tus pedidos de ayuda. Sé que quieres avanzar del lugar en donde estás.
- **Estoy consciente.** Estoy consciente de tus sufrimientos, del lugar donde estás atascado y de lo que sientes.

- **He descendido para librarlos.** Eso es lo que nuestro Padre celestial hace por nosotros.[17]

La siguiente vez que el enemigo busque etiquetarte de ilegítimo, despreciado o indeseado, no aceptes la etiqueta. No aceptes la mentira. Si lo hacemos (por causa del lugar donde hemos estado o de lo que hemos hecho o de lo que nos ha sucedido), nos descubriremos mirando atrás y viviendo en el pasado, tan atascados como la mujer de Lot. Sin embargo, eso no es lo que somos y tampoco fuimos creados para eso. Dios no nos ha llamado a un pasado sin esperanza, sino a un futuro de esperanza en Él. Él nos ha adoptado en su familia, nos ha hecho sus hijos e hijas y quiere que vivamos seguros en su amor eterno y sin fin por nosotros.

Acuérdense de la mujer de Lot

La respuesta de la mujer de Lot al llamado de Dios me hace preguntarme si estaba poco convencida del amor de Dios por ella.

1. ¿Por qué la falta de confianza en el amor que Dios nos tiene nos lleva a titubear en nuestra respuesta al llamado de Dios a hacer algo difícil (o incluso a rechazarlo)?
2. Reflexiona en tres cambios difíciles que Dios te ha pedido que hagas con el tiempo. Escríbelos y luego anota la forma en que respondiste. ¿Desobedeciste, obedeciste con el tiempo o de

forma inmediata? ¿Qué revelan tus respuestas respecto a tu confianza y seguridad en el amor de Dios por ti?

A medida que revisas tus respuestas, toma tiempo para orar:

Dios, gracias por amarme y por salvarme. Quiero estar arraigado en tu amor. Por favor, ayúdame a recibir tu amor y a descansar en él en mayor medida.

SEGUNDA PARTE

Estrategias
para avanzar

CUATRO

Avanza para crecer

De pie sobre la parte más alta de las tribunas, mientras esperaba para avanzar por el pasillo y descender de nuevo las escaleras hasta el escenario, mi concentración era total. *Christine, no te caigas.* Había subido las escaleras sin problemas en procesión con el resto de mis compañeros para nuestra graduación, pero ahora tenía que descender por primera vez. Mirar hacia abajo de las escaleras en lugar de mirar hacia arriba se sintió mucho más peligroso de lo esperado. *Dios mío, ayúdame.*

Esto no debería de ser tan intimidante para mí, razoné, *en especial ya que puedo escalar montañas sin temor... bueno, casi sin temor.* Sin embargo, sabía que el arte de bajar escaleras sin soporte en zapatos de tacón es una técnica de equilibrio en la que he fracasado... de forma épica. No podía esperar para cruzar la plataforma y recibir mi birrete y mi diploma de la Maestría en Evangelismo y Liderazgo de Wheaton College, pero no estaba segura de poder superar esas escaleras intimidantes. Junto con otras cincuenta y seis mujeres del programa Propel, había completado cuatro años de clases, investigaciones, exámenes finales y artículos para llegar a esta importante ocasión. En verdad, estaba emocionada por estar aquí y, probablemente, lucía perfectamente ante todos los que miraran, pero en mi interior no me podía tranquilizar. Todo lo que podía pensar era: *No te caigas*. Me asediaban los recuerdos de la última vez que me gradué, treinta y tres años antes, cuando recibí mi título en Inglés de la Universidad de Sídney. Les prometo que fue digno de recordar.

En aquella ocasión, junto con mis compañeros, caminé por el Gran Salón. Diseñado para asemejarse al estilo gótico Tudor visto en el Guildhall de Londres, en la Sala de Banquetes de Hampton Court Palace y en el Salón Westminster, fue edificado entre 1855 y 1859 como parte del diseño cuadrangular de la universidad. Con sus vitrales, gabletes y ángeles sentados en las vigas con símbolos en las manos que hacían referencia a las artes y a las ciencias, era todo un espectáculo.[1] Fue allí, en ese lugar que demanda una reverencia casi sacrosanta, que inesperadamente me encontré tirada en el piso en la posición más inverosímil. ¿Cómo podía no considerar al menos que podría suceder de nuevo? No soy conocida por intentar ser elegante. Más bien, soy conocida por derribar lo que está en frente de mí y lo que la vida me arroja. El *ballet* nunca fue lo mío. Siempre he preferido el senderismo, el ciclismo, el box y el atletismo. No quería caerme así nunca más.

En ese momento, crucé orgullosamente el escenario para recibir mi diploma, solo para saludar de mano al presidente de la universidad y, acto seguido, abandonar el escenario rodando por toda la escalera, en frente de miles de personas. Cuando digo que caí por toda la escalera, es porque así fue. No me tropecé y luego me enderecé. No di un paso en falso, solo para salvarme de puro milagro. No, toqué cada escalón con partes aleatorias de mi cuerpo, sin preocuparme por usar mis pies en absoluto. Cuando aterricé en el piso, tirada en el fondo de la escalera, me levanté inmediatamente por pura vergüenza. Supongo que fue la reacción natural, pero, para mi sorpresa, toda la gente que seguramente aplaudió a medias cuando recibí mi diploma, estalló en una ovación frenética. Recuerdo haber estado completamente desorientada e igualmente aterrada, pero lo que salió de mí fueron risas histéricas. Tal vez estaba en estado de *shock*. No lo sé, pero cuando me di cuenta de que todos estaban a mi favor y muy alborotados, decidí sacarle el mejor provecho y seguir adelante. Así que, en conformidad con mi carácter, me tragué la vergüenza. ¿Qué más iba a hacer? Bien pude haber elegido llorar y salir del edificio corriendo entre lágrimas, pero a veces es necesario simplemente aceptarlo y convertirlo en un poco de diversión. A fin de cuentas, hice que todos soltaran una buena carcajada y, probablemente, hice historia. ¿Quién más puede decir que se cayó y se volvió a levantar de inmediato en su graduación en el Gran Salón? Hasta donde sé, es posible que haya sido la parte más memorable de toda la ceremonia.

Pero ahora de pie en las gradas, detrás de los miembros del profesorado de Wheaton, y frente a los amigos y familiares de todos en el público, era un asunto completamente diferente. Necesitaba portarme de manera digna. Debía poner el ejemplo. Era ya mayor y más madura; además, ya no me levanto tan rápido como antes. Lo más importante es que estaba en una universidad histórica, fundada por abolicionistas evangélicos que una vez sirvió como parada del Ferrocarril Subterráneo, y en absoluto quería repetir el suceso de mi graduación. No quería avergonzarme ni a mis colegas ni a los profesores de la universidad. Formaba parte de la primera promoción de Propel que se graduaba y, aunque me encanta hacer historia, no era la clase de historia que yo quería hacer. Además, lo último que quería era que el centro de atención fuera mi falta de elegancia.

Salí de la fila hacia las escaleras, siguiendo a la persona en frente de mí, y comencé el descenso.

Si tan solo llevara puestas mis botas militares o de senderismo. Tal vez, me ayudarían a mantener el equilibrio. Debí de haberme puesto mis zapatos planos. Por favor, Jesús, ayúdame a superar esto.

Al llegar al escenario y echar un vistazo al rostro de los amigos y familiares que habían venido, esperé mi turno, aunque no por demasiado tiempo.

«Christine Caine», resonó la voz de un profesor y comencé a caminar.

Con una gran sonrisa, mirando directo hacia adelante, avancé por el escenario con mi birrete en la mano. Al llegar hasta el doctor Scott Moreau, decano académico de la maestría de Wheaton y profesor de estudios interculturales, en el centro del escenario, le entregué el birrete y me di la vuelta para que me lo colocara en la cabeza. Cuando puso sus manos en mis hombros, en señal de que podía avanzar, todo lo que pude pensar fue: *Lograste el primero; falta uno más.*

Unos pocos pasos más adelante, llegué hasta el doctor

Phillip Ryken, presidente de Wheaton College; le extendí la mano mientras aceptaba mi diploma con la mano izquierda. Hice una breve pausa ante el flash de una cámara y sentí alivio de que todo había salido exactamente como se suponía. Ahora, el broche de oro.

Pasé junto al profesorado, con la vista directo hacia adelante, concentrada únicamente en mis pasos, y comencé a subir las gradas. Sentí cada paso de forma intencional; planté un pie tras otro con firmeza, y procedí hasta mi asiento sin tropezarme ni una vez. ¡Lo había logrado! Me había graduado *y* ¡no me había caído! ¡Qué gran logro! Quería llorar. Quería saltar y danzar en alabanza. Quería dar brincos como gacela. Bueno, tal vez no tanto, pero sí estaba tan abrumada de gozo por no haber repetido la historia y por haber superado un momento de tanto nerviosismo. ¿Por qué esos errores inocentes nos muerden los talones el resto de nuestra vida? Fue solo un tropezón. Una caída. Probablemente todos los asistentes a mi graduación de la universidad lo habían olvidado, pero yo seguía con el recuerdo. ¿Por qué nos hacemos eso a nosotros mismos?

CRECER, APRENDER Y CAMBIAR

Hacer una maestría fue el cumplimiento de un anhelo de hace mucho tiempo. Siempre he querido aprender y crecer, pero, durante muchos años, no he logrado comprometerme con un programa académico formal. Como muchas mujeres, entre casarme, comenzar una familia y trabajar a tiempo completo, no tenía ni un segundo libre. Sencillamente, no tenía tiempo en mi agenda para asistir a clases, hacer investigación, completar tareas ni escribir ensayos. Sin embargo, cuando cumplí cincuenta y mis hijas eran prácticamente adultas, supe que podía hacer espacio en mi agenda para ir. Algo de llegar a esa «mitad» de la vida hace que lo valores y lo evalúes todo. Sabía que tenía menos tiempo delante de mí que detrás de mí y sentía una urgencia renovada por asegurarme de seguir creciendo, aprendiendo y cambiando... todo con el fin de continuar haciendo lo que Dios me había llamado a hacer en un mundo en cambio constante.

Sabía que no quería quedarme atascada haciendo lo que siempre había hecho de la misma manera y sabía también que este punto intermedio de la vida era crucial, que las decisiones que tomara determinarían en gran manera la trayectoria del resto de mi vida. Con los años, había hablado con demasiadas mujeres mayores que me habían expresado remordimiento por no haber tomado más riesgos al envejecer y por no hacer que la segunda mitad de la vida contara y tuviera más valor. A partir de su propia experiencia, me advirtieron de lo fácil que puede ser quedarse atascado en patrones y rutinas predecibles, en hábitos, en relaciones y en formas de pensar en las que buscamos más bien nuestra propia comodidad en lugar del fruto para el reino. Muchas habían expresado remordimiento por años desperdiciados que podrían haber dedicado a transmitir a la siguiente generación los conocimientos, la sabiduría y las habilidades que les había costado adquirir a lo largo de su vida. Habían devaluado la sabiduría que ahora tenían y la contribución que podían hacer; se habían detenido antes de haber terminado.

Estas historias me entristecían y me hicieron decidirme a seguir avanzando. No quería quedarme atascada toda la segunda mitad de mi vida hablando de lo maravillosa que había sido la primera o reviviendo constantemente mis errores, mis remordimientos, mis fracasos, mis decepciones o mis oportunidades perdidas. No quería quedarme atascada pensando que mis mejores días estaban detrás de mí y no delante de mí. Quería seguir avanzando con pasión hacia los propósitos de Dios para mi vida; quería seguir siendo una discípula fiel de Jesús durante el tiempo que viviera en esta tierra... y un discípulo siempre está aprendiendo y creciendo, porque eso significa la palabra *discípulo*.[2] De una o de otra forma, podemos verla tanto en el Antiguo como en el Nuevo Testamento, pero en el Nuevo Testamento se refiere de forma específica a los que seguían a Jesús y aprendían de Él. Hasta donde sé, aún respiro, todavía sigo a Jesús, aún deseo aprender de Él y ser más como Él. Precisamente, los discípulos de Jesús deberían ser aprendices por el resto de sus vidas. Ninguno de nosotros «llega a la meta» de este lado de la eternidad. Todos nosotros tenemos áreas en nuestra vida en las que debemos seguir aprendiendo, creciendo y siendo conformados a la imagen de Jesús.

Antes de dejar esta tierra, Jesús nos llamó a ser discípulos (aprendices) y luego a hacer otros discípulos (otros aprendices). «Vayan, pues, y hagan discípulos de todas las naciones, bautizándolos en el nombre del Padre y del Hijo y del Espíritu Santo, enseñándoles a guardar todo lo que les he mandado».[3]

Esta es nuestra misión en la tierra y no existen cláusulas de retiro. Obedecer este mandamiento de Jesús no es solo el trabajo de los pastores, predicadores, maestros de la Biblia, misioneros y

> Para hacer discípulos, primero es necesario ser un discípulo; esto significa que tenemos un compromiso constante de crecer y aprender.

otros con un ministerio de tiempo completo. Todos y cada uno de los seguidores de Jesús (ya sea una madre que se dedica al hogar, una persona que trabaja desde casa o un mecánico, profesor, químico, director de una empresa, médico, abogado, maestro, deportista, programador, escritor o auxiliar de enfermería), estamos llamados a salir al mundo y hacer discípulos. Sin embargo, para hacer discípulos, primero es necesario ser un discípulo; esto significa que tenemos un compromiso constante de crecer y aprender. Como discípulos de Jesús, como aprendices, no hay fecha de expiración, incluyendo cuando llega la segunda mitad de nuestra vida. Cuando cumplí cincuenta, seguía habiendo mucho en lo que quería contribuir, pero, para hacerlo, tenía que comprometerme simultáneamente con aprender y crecer.

CULTIVA UNA MENTALIDAD DE CRECIMIENTO ESPIRITUAL

Nunca olvidaré el primer día que asistí a clase; me sentí tan fuera de lugar. La mayoría de mis compañeros tenían alrededor de veinte o treinta años. No había pasado tanto tiempo desde la última vez que estuve en una escuela, pero sí décadas desde la última vez que estuve en un salón de clases... antes de que algunos de mis compañeros hubieran nacido. La última vez que asistí a una clase en la universidad, el profesor usaba un proyector y yo tomaba notas con pluma y papel. Ahora, el profesor tenía una pizarra digital y yo tomaba notas en una laptop. Ninguna de estas cosas existía la última vez que estuve en la escuela.

Cuando revisamos el programa de estudios y todo lo que debíamos saber para entregar tareas, me sentí abrumada. No podía imaginar lo mucho que tenía que aprender antes siquiera de poder empezar a aprender lo que había sido mi objetivo al llegar a la universidad. En otras palabras, tenía que aprender a usar programas, portales con contraseñas y bibliotecas virtuales. Era difícil entender que no podía ir a la biblioteca física y salir de ella con una pila de libros. No puedo contar las veces que Catherine o Sophia me veían mirando un video de YouTube sobre cómo hacer algo en línea y se ofrecían para ayudarme. «Hay una forma mucho más sencilla de hacerlo», me decían a menudo. «Sabes, mamá, puedes hacer eso en un solo paso, en lugar de todos los que tienes que hacer ahora para lograrlo». Ellas habían crecido en una escuela con la última tecnología. Sabían todo de aplicaciones y de accesos directos. Si quería seguir creciendo y avanzando, debía escucharlas. Debía aprender de ellas. Así que lo hice. Con su ayuda, logré obtener un nuevo conjunto de habilidades.

Para mí, fue una experiencia humillante darme cuenta de que bien podía sentirme la mejor en las áreas en que era competente, pero que, cuando se trataba de tareas de la maestría, definitivamente era la nueva chica en el vecindario. Nuevamente, era una novata y me sentía tan incómoda, pero estaba dispuesta a crecer. Estaba dispuesta a sentirme incómoda. Estaba dispuesta a parecer una tonta, a reconocer que no sabía cómo hacer las cosas y a pedir ayuda; a ser desafiada, a parecer que estaba en regresión ante los ojos de la gente. Estaba dispuesta a cambiar, a expandirme, a empezar de nuevo en un área de mi vida y a arriesgarme a fracasar. Estaba dispuesta a todo esto porque, en lo profundo de mí, quería continuar dando mucho fruto para la gloria de Dios, más de lo que quería disfrutar de mis años dorados, retirarme y esperar para morir e ir al cielo. Por experiencia, sé que, en el momento en que pensamos que hemos terminado, también nos atascamos.

Los psicólogos llamarían a esto una mentalidad de crecimiento frente a una mentalidad fija.[4] La mentalidad es básicamente nuestra actitud o nuestra forma de pensar;[5] es nuestra inclinación, nuestra tendencia o hábito mental.[6] Si nuestra mentalidad está fija, tendemos a considerar imposible el cambio o a pensar que crecer no es una opción. Sin embargo, si tenemos una mentalidad de crecimiento, somos más optimistas.[7] Creemos que crecer es posible y que «mediante entrenamiento y desarrollo, se pueden adquirir las habilidades necesarias para lograr los resultados buscados. Cuando hay contratiempos, está bien porque una mentalidad de crecimiento entiende que habrá obstáculos en el camino. Los contratiempos resultan ser una oportunidad».[8] Si lo vemos así, una mentalidad fija nos mantiene atascados, mientras que una mentalidad de crecimiento nos mantiene avanzando.[9]

Claramente, queremos tener una mentalidad de crecimiento, pero, como seguidores de Cristo, yo llevaría esto un paso más allá. Quiero tener una mentalidad de crecimiento espiritual, en especial conforme voy envejeciendo. Quiero seguir creciendo en mi relación con Jesús, con su Palabra y con su pueblo. Quiero seguir creciendo en sabiduría, en entendimiento y en discernimiento. Quiero seguir creciendo en amor, en gozo, en paz, en paciencia, en benignidad, en bondad, en fidelidad, en mansedumbre y en dominio propio.[10] Quiero seguir alcanzando a los perdidos, sirviendo a los pobres, a los marginados y a los oprimidos; quiero seguir luchando por la libertad de los cautivos. Quiero seguir dando fruto, porque Jesús nos dice en Juan 15:8 que «en esto es glorificado Mi Padre, en que den mucho fruto, y así prueben que son Mis discípulos». Es a través de dar fruto que damos gloria a Dios.

Efesios 2:10 dice: «Porque somos hechura Suya, creados en Cristo Jesús para hacer buenas obras, las cuales Dios preparó de antemano para que anduviéramos en ellas». No dice: «hasta que llegues a la edad de retiro y, después, todas las buenas obras que Dios preparó para ti serán invalidadas». Para nada. Nunca debemos dejar de hacer *todo* lo que Dios nos ha llamado a hacer. Yo no quiero detenerme. No quiero mirar atrás. Quiero acordarme de la mujer de Lot y seguir avanzando hacia las promesas de Dios para mi vida. Quiero alcanzar aquello para lo cual también fui alcanzada por Cristo Jesús.[11] Quiero correr mi carrera y terminarla.[12] No quiero darme por vencida antes de terminar.

DA FRUTO EN CADA ÉPOCA

Tal vez eres lo suficientemente mayor para recordar cuando usábamos un atlas para planear un viaje. Luego, a principios del año

2000, llegaron esos artilugios de navegación que conectábamos al auto, los GPS. ¿Los recuerdas? Tenían nombres como NavMan [Hombre navegante], Garmin, Magellan o TomTom. El nuestro tenía una voz femenina muy dulce que me parecía demasiado coqueta, por lo que hasta hoy no entiendo por qué no se llamaba NavWoman [Mujer navegante]. Sé que sueno viejita, pero ese es mi punto. Es inevitable que todos envejezcamos, pero, aun cuando lo hacemos, no tenemos que dejar de dar fruto.

Solo porque pudiéramos haber hecho las cosas de forma diferente, solo porque pudiéramos necesitar adaptarnos a la forma en que nuestro cuerpo o nuestra mente ha envejecido, no significa que nuestra misión, nuestra tarea ni nuestro propósito se hayan terminado.

Por supuesto, estoy consciente de que las cosas cambian conforme envejecemos. Estoy comprometida con comer bien, con ejercitarme de forma regular, con tomar suplementos y con hacer lo necesario para cuidarme, pero no es posible evitar la verdad de que las cosas cambian conforme envejecemos. Para todos, nuestro cuerpo cambia, nuestro cerebro cambia, nuestra salud y nuestra condición física cambian y tenemos que ajustarnos de forma proporcional si queremos seguir avanzando.

Aceptémoslo, si ya pasaste los cuarenta, seguramente tienes toda una lista de las formas en que has cambiado. Como yo, es posible que ahora uses lentes para leer y que tengas un par de ellos en cada mesita en tu casa. Tal vez hasta hayas invertido en una cadenita para colgártelos en el cuello. Tal vez sales corriendo al baño mucho más a menudo y hasta planeas tus salidas con los mejores lugares para ir al baño en mente (no creas que lo digo por experiencia propia). Es posible que ahora tengas que dormir

una siesta en la tarde para sobrevivir hasta la noche y puede ser
o no que mis propias hijas se burlen de que, en estas épocas,
con frecuencia me voy a la cama antes que ellas. Es posible que
tengas que invertir en cremas, pócimas, medicamentos y aceites
más que nunca en tu vida, porque las arrugas, las verrugas y las
imperfecciones aparecen en lugares que nunca esperaríamos. Sé
bien que, cada vez que salgo de excursión o voy al gimnasio, lo
siento de la cabeza a la punta de los pies. Mi cuerpo de cincuenta
y seis años me habla. Cruje, rechina y duele y no me permite
hacer las cosas como antes. En definitiva, las cosas cambian, pero
esto no debe detenernos de seguir avanzando. Para lograr seguir
avanzando y creciendo, debemos hacer ajustes en el camino. Si
no lo hacemos, nos quedaremos atascados y frustrados por no
ser quienes éramos y por no poder hacer lo que antes hacíamos.
Nos quedaremos mirando atrás, en lugar de avanzar.

Me encanta que, en las páginas de la Escritura, de forma
clarísima en blanco y negro, podemos ver que es posible continuar dando fruto en la vejez. El salmista escribió:

> «El justo florecerá como la palma, crecerá como cedro en
> el Líbano. Plantados en la casa del Señor, florecerán en los
> atrios de nuestro Dios. Aun *en la vejez darán fruto*; esta-
> rán vigorosos y muy verdes, para anunciar cuán recto es el
> Señor; Él es mi Roca, y que en Él no hay injusticia».[13]

A medida que envejecemos, no debemos comprar la mentira de que nuestros mejores días están en el pasado, de que no
servimos para nada, de que ya no hay nada más que aprender
ni que hacer. Sencillamente, no es verdad.

Si seguimos respirando y nuestro corazón latiendo, entonces Dios tiene un propósito que aun debemos cumplir. No necesitamos atascarnos en el retiro, en la comodidad, en la predictibilidad, en el confort, en el ocio, en el aislamiento ni en los recuerdos, los logros o los éxitos del pasado... básicamente, atascados, esperando morir. De hecho, los datos sugieren que, si tenemos una misión y un propósito, viviremos más tiempo. Un estudio que leí probaba que «el envejecimiento exitoso es más que longevidad o que ausencia de enfermedad o discapacidad; en cambio, el envejecimiento exitoso implica salud, funcionalidad física y bienestar psicológico. Significa tener un propósito en la vida, metas y un sentido de dirección».[14]

En una de nuestras oficinas de A21 en Estados Unidos, tenemos una voluntaria que ha estado con nosotros durante un poco más que un año. Su nombre es Barbara; tiene setenta y nueve años y apenas se volvió seguidora de Cristo hace unos años. Ha sido fiel en asistir a la iglesia y al estudio bíblico y, ya que estaba retirada, pensaba que era demasiado tarde para hacer algo más. Pensaba que se había perdido la oportunidad de tener algún tipo de impacto para el reino. Tiene una gran familia y muchos nietos que disfrutan viajar para verla, pero en el fondo de su ser, ella quería participar en algún trabajo para el reino en alguna parte. Después de una larga conversación, le sugerí que fuera voluntaria para A21. Al principio, titubeó un poco; se preguntaba si tenía todavía algo que ofrecer y le intimidaba servir junto con personas que tenían la misma edad que sus nietos. Sin embargo, decidió arriesgarse, participar y continuar aprendiendo y creciendo.

Cuando llegó como voluntaria por primera vez, se sentía

un poco intimidada por toda la tecnología moderna que usamos y por tener que aprender sobre un área que conocía poco, pero estuvo dispuesta a hacerlo. Hoy, es una de nuestras voluntarias más queridas, llena de gratitud y de entusiasmo y ha descubierto que tiene un verdadero don para escribir notas de aliento a nuestros patrocinadores.

A todas las jovencitas de nuestro equipo les encanta estar con ella. Barbara tiene una actitud de gran gozo, escucha con atención y tiene muchísima sabiduría que ofrecer. Recientemente, le comentó a Laura, nuestra gerente de desarrollo de equipos globales, que volverse voluntaria para A21 es una de las mejores decisiones que ha tomado. Lo que me encanta es que Barbara descubrió gozo en contribuir y en seguir aprendiendo y creciendo ¡a los setenta y nueve años! En lugar de reprocharse los años que ha desperdiciado, está haciendo contar sus últimos años de una forma muy importante. Tener un propósito la ayudó a desatascarse y a seguir avanzando. Qué meta tan épica para todos nosotros.

EVALÚA EL LUGAR DONDE ESTÁS

Cuando comencé a compartir en público que iría a la maestría, muchas personas con buenas intenciones me dijeron: «Christine, ¿de verdad *regresarás* a la escuela? Tienes un ministerio global y has logrado tantas cosas en la vida. No tienes que *regresar* a la escuela para hacer lo que Dios te ha llamado a hacer». Sin embargo, mi lógica era: Nunca he estado en la maestría antes, ¿cómo es que estoy *regresando*? Estaba yendo hacia adelante; estaba avanzando; estaba caminando con Dios. Sin embargo, la experiencia de lidiar con este tipo de preguntas me enseñó algo: debía estar dispuesta a hacer lo que Dios me estaba llamando a hacer, incluso si, para los demás, parecía que estaba yendo en reversa.

¿Alguna vez te has encontrado allí? En mi experiencia, avanzar con Jesús no siempre parece como lo que imaginamos cuando decimos avanzar. No siempre parece más grande, mejor ni más importante, ni siempre viene con más dinero, influencia ni posiciones o títulos de prestigio. Avanzar no siempre puede medirse de estas maneras. De hecho, cuando hablo de no atascarse y avanzar, no estoy equiparando avanzar con hacer que nuestra vida camine derecho por el sendero que el mundo considera progreso. Estoy hablando de avanzar hacia los propósitos de Dios para nuestra vida de tal manera que nos mueva a seguir dando mucho fruto para su gloria.

Si evaluaras todas las cosas en que participas actualmente, ¿dirías que están dando fruto? No estoy preguntando si son cosas exitosas, estimadas, buscadas, divertidas, fáciles ni prácticas; estoy preguntando si están dando fruto. Para ser más clara, ni siquiera te estoy preguntando si has sido fiel en lo que estás haciendo, porque fidelidad no siempre es lo mismo que fruto. Puedo ser fiel en algo, pero no dar fruto, pero no puedo dar fruto en algo sin ser fiel. En otras palabras, puedes ser muy fiel en presentarte todos los días al trabajo, o todas las semanas como voluntario o hasta todos los domingos a la iglesia. No obstante, ¿has hecho un inventario de todo esto y le has preguntado a Dios si estás dando fruto? ¿Le has preguntado cuál es tu siguiente llamado para dar fruto?

Podría incluso requerir que dejes esa sociedad prestigiosa o tu posición actual por una menos intensa que te permita pasar más tiempo con tu familia. Podría significar mudarte a una casa más pequeña para tener menos cosas que organizar y más recursos para los propósitos del reino. Podría implicar dejar todo atrás y cambiarte a una nueva área donde puedas buscar otras iniciativas u oportunidades. Podría significar abandonar lo fácil y lo cómodo para adentrarte en una nueva aventura de la que no sabes nada en absoluto. Podría requerir inscribirte a servir en alguna distribuidora local de alimentos para los indigentes, para enseñar a los niños a leer en algún programa extracurricular, para trabajar como voluntario en el ministerio para adultos mayores de tu iglesia o en un viaje misionero. Sea lo que sea, si avanzamos y estamos dando fruto, estamos dando gloria a Dios.

> ¿Has hecho un inventario de todo esto y le has preguntado a Dios si estás dando fruto? ¿Le has preguntado cuál es tu siguiente llamado para dar fruto?

EL CRECIMIENTO PUEDE SER DOLOROSO

Con todo esto sobre mi experiencia en la maestría, no estoy sugiriendo que la única manera de seguir creciendo sea mediante alguna forma de educación. Para nada. Lo que estoy diciendo es que, si no queremos atascarnos en ningún área de la vida o si queremos desatascarnos de algún lugar, debemos estar comprometidos con aprender, crecer y cambiar. Debemos comprometernos con dejar nuestra zona de confort y avanzar hacia la zona de la fe. Dentro de nuestra zona de confort, no hay mucha iniciativa para alcanzar nuevas alturas, ¿no es cierto?[15] Sin importar nuestra edad o la etapa de la vida en la que estemos, debemos comprometernos con soltar lo que hemos sido, el lugar donde hemos estado, lo que nos ha funcionado y lo que no con tal de no atascarnos. En lugar de enfocarte en las cosas que no puedes cambiar como los éxitos o fracasos pasados, enfoca tu tiempo y tu energía en una cosa que sí puedes cambiar en el presente para comenzar a avanzar. Comienza a contribuir y a dar fruto ahora. Jesús dijo: «Ustedes no me escogieron a Mí, sino que Yo los escogí a ustedes, y los designé para que vayan y den fruto, y que su fruto permanezca; para que todo lo que pidan al Padre en Mi nombre se lo conceda».[16]

Recuerdo cuando Sophia pasó por un período de crecimiento cuando era niña. Me decía que sus piernas le dolían, en especial los empeines, pero yo no me preocupé demasiado. Reconocí que estaba experimentando dolores de crecimiento. Su cuerpo estaba creciendo con tanta rapidez que lo podía sentir.

No sé qué necesitas hacer para crecer, pero no me sorprendería que estuvieras experimentando dolores de crecimiento. La transición de vivir en nuestra zona de confort, en cualquier área de nuestra vida, a avanzar hacia la zona de crecimiento inevitablemente vendrá con temores, resistencia y obstáculos por vencer. Requerirá renovar nuestra mente para poder ser transformados desde el interior.[17] Requerirá intercambiar una mentalidad fija por una de crecimiento espiritual. Requerirá superar lo que sea que tengamos que superar. Requerirá seguir mirando hacia adelante y no atrás. Requerirá acordarnos de la mujer de Lot.

La misma Sophia que estaba con dolores de crecimiento se sentó esta semana en el asiento de conductor del auto mientras Nick, en el asiento de pasajero, la instruía. Acaba de obtener su permiso de conducir y, en Estados Unidos, tiene que ser acompañada por un adulto con licencia hasta que ella pase su examen de manejo. Ahora mismo, es una novata y, tras algunas vueltas por la ciudad, Nick me dijo que ajustaba una y otra vez su espejo retrovisor y que miraba atrás todo el tiempo porque estaba temerosa de que el auto de atrás la golpeara. Todos hemos sentido eso cuando aprendimos a conducir por primera vez, ¿no es cierto? Nick le dijo varias veces que lo que tenía que hacer era mirar al frente, a lo que estaba por delante, y no pasarse el tiempo en el asiento de conductor enfocada en el espejo retrovisor y en lo que se encuentra en su reflejo. Si no deja de hacerlo, terminará saliéndose de la calle porque, tal como aprendí en mi curso de seguridad para motociclistas, hacia donde mires, avanzarás.

Finalmente, Sophia sí mantendrá su vista hacia adelante. Con el tiempo, lo logrará como todos nosotros, pero no seamos como Sophia en este momento cuando se trata de nuestro crecimiento espiritual y de nuestro fruto. Miremos hacia adelante. Decidamos seguir avanzando y seguir dando fruto. ¡Crezcamos hasta llegar a la medida de lo que Dios quiere para nosotros!

Acuérdense de la mujer de Lot •————————•

La mujer de Lot decidió no avanzar y, como resultado, se quedó atascada. Hay pocas cosas más peligrosas que atascarse en un lugar indebido, pero una de ellas es atascarse y no saber que estás atascado.

1. Compartí que, a medida que envejecemos, debemos seguir haciendo ajustes a la manera en que hacemos las cosas para no quedarnos atascados en la frustración de no ser lo que una vez fuimos y de no poder hacer lo que una vez hicimos. Dos señales de que estamos atascados de esta manera pueden ser la pasividad (no hacer nada por no poder hacer todo) y la queja.

   En oración, revisa las diferentes áreas de tu vida (espiritual, relacional, física, profesional, educativa, etc.). ¿Hay lugares en los que observas alguna de estas señales de que estás atascado? Si es así, ¿en qué área o áreas? ¿Cuál es el siguiente paso que puedes tomar para avanzar en esas áreas?

2. En cuanto al crecimiento espiritual continuo, hay cuatro adversarios principales que pueden tentarnos a atascarnos de forma espiritual.

   a. La autocomplacencia que nos hace relajarnos;
   b. el confort que nos hace retroceder al considerar el costo;
   c. la transigencia que nos desvía del camino;
   d. la obsesión por el éxito mundano que nos deja con los ojos puestos en un premio vacío.

Toma este tiempo para orar y pide esto:

Dios, por favor, ayúdame a recordar momentos de estancamiento espiritual en mi vida y muéstrame cuál de estos enemigos fue el causante y a qué tuve temor de dejar atrás para seguir avanzando contigo.

CINCO

Toma riesgos y avanza de nuevo

Al ver de nuevo el video de Nick cruzando la línea de la meta de la carrera 2022 Cape Epic una vez más en mi teléfono celular, no puedo dejar de pensar en todo lo que logró y sobrevivió. Durante ocho días de intenso dolor, él y su compañero, Martin, cruzaron en bicicletas de montaña sobre un terreno brutal en las montañas de Sudáfrica durante nueve o diez horas al día, todo con la intención de despertar interés en nuestra oficina de A21 en ese país. Denominada «la carrera que mide todas las demás», es una de las carreras de ciclismo de montaña más difíciles del mundo. En mi mente, es el Tour de Francia del ciclismo de montaña.

Juntos, Nick y Martin compitieron al lado de ciclistas profesionales, olímpicos y amateur para llegar día tras día, parada tras parada, revisión médica tras revisión médica hasta la meta. Durante el curso de la carrera, atravesaron caminos de terracería, carreteras empedradas, riachuelos llenos de agua y pantanos lodosos. Cuando no podían subir por alguna ladera rocosa sobre la bicicleta, hacían lo que todos los profesionales: se bajaban de la bicicleta y la empujaban hasta la cima. Hasta tenían que cargar sus bicicletas cuando la vereda se volvía demasiado escabrosa para empujarlas. En un tramo de la carrera, cuando el asiento de Nick se cayó, se detuvo, lo recogió y pedaleó de pie hasta llegar a la siguiente parada.

Aunque, entendiblemente, su nivel de cansancio superaba cualquier cosa que yo hubiera experimentado, Nick fue cuidadoso en llamarme cada día y mantenerme informada. Un día, la temperatura llegó a los 47° C (117° F). Uno de los ciclistas se desmayó al lado de la carretera y los paramédicos corrían de un ciclista a otro. Cierto día, Nick se detuvo para ayudar a un ciclista que se encontraba tirado en la hierba. Se había dislocado la cadera y estaba intentando reacomodarla para poder continuar. Al igual que Nick, este ciclista estaba decidido a terminar la carrera, a pesar de las lesiones. Más de una vez, Nick se golpeó o se cortó en una pierna, en un brazo o en un hombro. A diario, yo me consolaba en la protección de Dios, en la habilidad de Nick, en su prudencia y en la forma que siempre ha usado todo el equipo de protección, incluido el casco.

Cuando me llamó para compartirme la increíble noticia de que había cruzado la línea de meta, solo pude reír y llorar y gritar. Por supuesto, Nick estaba totalmente agotado y fue mucho más estoico, pero lo que logró fue nada menos que heroico. Por mucho, fue uno de los mayores logros atléticos de su vida.

Cuando me envió el video que nuestro equipo grabó, no podía dejar de verlo. Quería revivirlo una y otra vez, tantas veces como me fuera posible. En verdad, lo único mejor habría sido estar ahí con él. Con mi agenda y nuestra hija Sophia en casa, así como la necesidad de que alguien dirigiera nuestra organización mientras él pedaleaba, decidimos que lo mejor era quedarme en casa. Mientras más veces veía el video, más veces veía a nuestro equipo de Sudáfrica junto a la meta, alentando a Nick y a Martin y, todas las veces, no pude evitar derramar lágrimas de felicidad. Estaba tan agradecida de que estuvieran allí, en especial porque yo no pude estar.

Al ver a Nick y a Martin levantar los puños en el aire al cruzar la meta para celebrar junto con los gritos de la audiencia, pude reconocer la mezcla de alivio y de felicidad en sus rostros. Pude ver la emoción de la victoria. Pude ver la recompensa por todo el dolor que habían atravesado voluntariamente.

Al mismo tiempo, no ignoré la forma en que se desmontó de la bicicleta, los gestos de dolor al empujar cojeando la bicicleta por el camino de hierba y supe que probablemente pasarían días antes de que pudiera caminar de nuevo de forma normal. Aun así, estaba orgullosa de la manera en que había perseverado y perseverado durante todo el trayecto, sin importar lo brutal del entrenamiento, las lesiones y los interminables reveses.

UNO QUE NO SE DA POR VENCIDO

Durante los cinco años anteriores, Nick había pasado cada momento libre sobre su bicicleta de montaña, pedaleando por las colinas y las montañas del sur de California. Podría decirse que, mientras que yo las escalaba, él las pedaleaba, aunque había comenzado dos años antes que yo.

Su decisión de recorrer en bicicleta la Cape Epic comenzó

un día mientras yo estaba en el gimnasio, trabajando arduamente en la elíptica. Entonces, un amigo nuestro llamado Darren entró para entrenar, me saludó y le extendió a Nick una invitación para algo que no tenía ni idea de que se convertiría en una aventura tan transformadora. «Haré una salida en bicicleta para celebrar mi cumpleaños cincuenta», me dijo. «¿Por qué no viene Nick conmigo y así nos ponemos en forma juntos?».

Eso fue todo lo necesario para que yo se lo sugiriera a Nick y para que él mordiera el anzuelo. Por supuesto, nuestro amigo olvidó dar detalle alguno de la salida, pero eso no detuvo a Nick. Siempre listo para un nuevo reto, se comprometió desde el principio. Después de algún tiempo, descubrió todo a lo que había dicho que sí y admito que yo misma me sentí un poco sorprendida, pero durante el resto de 2018 y la primera mitad de 2019, Nick entrenó sin parar. Lo que eso significó fue que comenzó a aprender realmente cómo montar una bicicleta de montaña… y no solo a la vuelta de la esquina. Miraba videos para entender las técnicas, las posturas y cómo manejar la bicicleta en los saltos constantes. Investigó en línea en busca de consejos. Habló con entusiastas en la tienda de bicicletas local sobre sus experiencias. Fue al gimnasio para fortalecer sus piernas y sus brazos con el fin de dominar el arte de evitar tantas lesiones como le fuera posible. Reunió información de todas las fuentes posibles y montó su bicicleta por horas y horas, casi en cada oportunidad que tenía.

Para cuando él y Darren llegaron a Sudáfrica para la carrera, Nick había entrenado durante un año, casi nada comparado con la mayoría de los competidores en una carrera tan demandante. Para empeorar las cosas, Nick sufrió síntomas de una intoxicación alimentaria un día antes de la carrera, mientras buscaba su maleta en el aeropuerto internacional de Ciudad del Cabo.

Te evitaré los horribles detalles, pero se enfermó terriblemente durante las siguientes veinticuatro horas, lo que lo dejó deshidratado al inicio de la carrera, sin importar cuánto intentó reponer su cuerpo. Durante los primeros dos días de la carrera, sus síntomas persistieron. Para el final del tercer día, había pedaleado nueve horas a 32° C (90° F), quemado un promedio de 700 calorías por hora y sudado un promedio de 900 ml (30 oz) por hora, todo sin poder retener alimentos ni líquidos. No es de sorprender que los médicos que revisaban a los competidores en la última parada decidieran retirarlo de la carrera. Recuerdo que me llamó y me dijo que, además de todo, habían identificado que sus riñones estaban funcionando tan solo un 37 %. Podía oír la decepción en su voz, la vergüenza por no haber podido continuar, el dolor por defraudar a su compañero. Había puesto tanto de sí, en especial durante ese último año de su vida, que no pudo evitar sentirse devastado.

Dije todo lo que pude para consolarlo y animarlo, excepto decir: «Puedes volver a intentarlo el año que entra», porque era lo último que quería sugerir. Más que nada, anhelaba desesperadamente que regresara directo a casa... ¡donde pudiera atarlo a una silla y vender su bicicleta! Desde mi perspectiva, nada de esto valía la pena, pero Nick lo veía diferente. Con una intravenosa y recetas de líquidos para reponerlo, se quedó para seguir alentando a Darren, quien logró superar tres días más antes de salir volando de la bicicleta, fracturarse algunas costillas y magullarse los riñones. Con todo esto, ambos se quedaron dos días más para ver a cuatro más de sus amigos australianos cruzar la meta.

Para cuando regresó a casa, yo quería internarlo en un hospital y, probablemente, convencerlo de no volver a montarse en la bicicleta, pero en lo profundo de mí sabía que nunca lo lograría. Algo se había encendido dentro de Nick. A primera vista, de seguro que era un amor por el ciclismo de montaña; pero en lo profundo, parecía llegar hasta el fondo de su identidad: alguien que no se retira de intentar una y otra y otra vez lo que Dios lo ha llamado a hacer. Alguien que disfruta del reto de vencer algo difícil. Alguien que no se da por vencido, incluso cuando la suerte no está para nada a su favor.

Por tanto, no es de sorprender que, a pesar de todo el dolor y el sufrimiento que él y Darren soportaron en Sudáfrica, estaban decididos a correr de nuevo en 2020. Así que entrenaron y se prepararon. Un año después, cuando llegaron a Sudáfrica, llenos de adrenalina por volverlo a intentar, todos apenas comenzábamos a escuchar de un virus llamado COVID19. Había tal vez unos veinte casos reportados en Sudáfrica. Todavía no comenzaban los confinamientos, pero todo eso estaba por cambiar. Para el momento en que Nick llevaba veinticuatro horas en el país, la carrera fue cancelada y, según los informes, era indispensable que regresara a casa cuanto antes, si no quería terminar atascado en algún país intermedio. Si recuerdas, se cerraron las fronteras, se cancelaron los viajes y los aviones se quedaron sin despegar. Hubo un cambio extraordinario en todo el mundo que se sintió como fichas de dominó cayendo por todas partes. Normalmente, Nick habría volado de Ciudad del Cabo a Londres y, luego, a Los Ángeles, una típica ruta de viaje internacional. Sin embargo, por causa de los cortes en el servicio, se vio obligado a volar de Ciudad del Cabo a Johannesburgo, luego a Singapur, a Tokio y, finalmente, a los Ángeles… sin saber si tendría que quedarse varado en una de estas ciudades durante semanas o meses o más.

Mientras tanto, yo estaba en casa orando para que pudiera regresar bien a casa, conmigo y con nuestras hijas, para no estar separados durante lo que estaba por venir, para que no se enfermara de COVID19 en el camino. Nunca me sentí más feliz como a las veinticuatro horas después de su salida de Sudáfrica. Cuando cruzó el umbral de nuestra casa, recibió una bienvenida de héroe de parte de las tres.

EL SUEÑO SIN CUMPLIR

Pasamos la mayor parte del 2020, bueno, sobreviviendo al 2020, y todos sabemos cómo fue. Con tiempo en mis manos, comencé a practicar senderismo. Con tiempo en sus manos, Nick siguió montando en bicicleta. Para mí, el senderismo era una diversión. Para Nick, el ciclismo se convirtió en una obsesión. Cuando lo miraba, podía identificar que este sueño sin cumplir crecía y crecía y, probablemente, no dejaría de hacerlo hasta que lograra cruzar esa línea de meta.

Cuando la carrera de 2021 fue cancelada, como tantos otros eventos mientras la pandemia continuaba hacia el año siguiente, Nick puso su mira en 2022. *Tal vez esa será la carrera que termine y que ponga fin a todo esto*, pensé. Sin embargo, mientras más entrenaba, más le gustaba pedalear. Y yo, mientras más salía de excursión, más lo entendía. Ambos teníamos una fuerza motora que nos movía hacia adelante, estábamos en una nueva temporada y aprendíamos tanto de nosotros mismos, en especial cuando significaba exigirnos en lo físico de maneras que nunca habíamos hecho.

Durante el año siguiente, Nick siguió entrenando. A partir de enero de 2022, aumentó progresivamente sus tiempos de entrenamiento. Intensificó sus ejercicios. Prestó mucha más atención a lo que comía para nutrir su cuerpo, al igual que Darren. No obstante, en marzo, Darren visitó a Nick y, entre disculpas, explicó que tenía que retractarse de la carrera. Algunas circunstancias totalmente fuera de su control en su trabajo lo obligaban a quedarse para solucionarlas.

¿Dónde encontraría Nick a un remplazo para Darren en un tiempo tan corto? ¿Alguien que fuera lo suficientemente deportista para sobrevivir a una carrera tan rigurosa?

Fue entonces que Nick reclutó a Martin, un amigo que tenía un historial de competencias de *windsurfing*, de patinaje en línea, de ciclismo de montaña y de motociclismo. Martin montaba su bicicleta de montaña unas tres veces a la semana en promedio, dos o tres horas por salida. Estaba ansioso por participar con Nick, pero tres semanas antes de la carrera se fracturó la nariz. Tuvieron que volvérsela a fracturar para acomodarla y, como no estaba sanando de manera adecuada, tuvieron que fracturársela una tercera vez para acomodársela de nuevo… todo ello antes de la fecha para salir de viaje.

Cuando Nick le preguntó a Martin amablemente si quería retirarse, le respondió tal como lo habría hecho Nick: «Me retiraré de inmediato… pero diez segundos después de ti». Sin más, partieron a Sudáfrica.

Tal vez puedes sentirte identificado con los retos que Nick enfrentó durante esos años. ¿Tienes un sueño que aún no has podido cumplir, que no pudiste terminar o al que le diste la espalda?

NO TE DETENGAS

Lo que me parece extraordinario de la victoria de Nick en 2022 es que se compuso de cientos de pequeñas victorias que experimentó durante los cinco años anteriores. Desde el primer día que comenzó a entrenar, nunca se detuvo, nunca se dio por vencido; siguió avanzando en su búsqueda por dominar la destreza del ciclismo de montaña de larga distancia. En cualquier punto del camino, pudo haber estacionado su bicicleta y cedido ante el temor de no poder conseguirlo. Pudo haber dicho que su agenda era bastante ocupada. Pudo haberse acomodado y perdido la visión que tenía. Pudo haberse distraído; después de todo, como la mayoría de las personas, hay muchas cosas que suceden en nuestra vida. Pudo haber perdido la esperanza y todos sabemos que, sin esperanza, no podemos lograr nada. Pudo haberse sentido demasiado viejo, algo que algunas personas a partir de los cincuenta comienzan a creerse. Y, cuando tuvo que retirarse de la carrera en 2019, pudo haberse detenido y nunca volver a intentarlo. En verdad, nadie lo habría culpado por darse por vencido. Tan solo sus lesiones podrían haber justificado una retirada digna. Algunos lo habrían considerado más sabio si lo hubiera hecho.

Sin embargo, en cada ocasión que tuvo buenas razones para detenerse, decidió seguir pedaleando por las veredas una y otra vez, hasta que dominó las técnicas, hasta que entrenó sus músculos para soportarlo, hasta que aumentó su fuerza para poder pedalear durante nueve o diez horas al día, hasta que aprendió a sortear con seguridad los saltos en el terreno rocoso, hasta que pudo perseverar durante el tiempo suficiente para cruzar la línea de meta. Aun cuando salió volando de la bicicleta o ponchó un neumático o rompió un pedal, no se detuvo. Más de una vez, tuvimos que evaluar si necesitaba puntos o radiografías o algo más que una compresa fría y un vendaje.

En una ocasión, me dijo que el ciclismo de montaña le daba la oportunidad de superar nuevos retos, de incrementar su capacidad, porque cuando haces cosas difíciles te das cuenta de que puedes hacer otras cosas difíciles. Pienso que, en cierta medida, todos sabemos cómo funciona eso. Tal vez no todos damos saltos en la bicicleta varias veces a la semana, pero todos sabemos lo que significa superar algo que se siente increíblemente difícil y, luego, darse cuenta de que no sabíamos que contábamos con lo suficiente para lograrlo.

- Cuando descubrimos que hemos cerrado un capítulo de nuestra vida que pensábamos que nunca terminaría.
- Cuando nos encontramos cuidando a un padre anciano.
- Cuando criamos a un hijo que se queda en casa para siempre.

- Cuando logramos superar la escuela, posiblemente al mismo tiempo que trabajamos y cuidamos a una familia.
- Cuando invitamos a alguien a vivir con nosotros hasta que puede valerse por sí mismo.
- Cuando nos casamos de nuevo y unimos familias.
- Cuando atravesamos el largo camino de una crisis de salud, ya sea nuestra o de un ser querido.
- Cuando completamos el duro trabajo que a menudo requiere una terapia.

Todos hemos pasado y pasaremos por cosas difíciles. De eso no hay duda. La pregunta es: ¿Qué haremos y en quién nos convertiremos después de atravesarlas? ¿Nos convertiremos en una persona que se retrae y que siempre opta por lo seguro o en una persona que vuelve a intentarlo?

Estoy convencida de que hay algo en la determinación de perseverar y seguir avanzando que nos impide mirar constantemente atrás. Si no queremos atascarnos donde estamos, tendremos que arriesgarnos a ir de nuevo para llegar adonde Dios nos quiere. Lo veo como una estrategia más que Dios nos da para seguir avanzando cuando lo único que queremos hacer es detenernos.

> Si no queremos atascarnos donde estamos, tendremos que arriesgarnos a ir de nuevo para llegar adonde Dios nos quiere.

En la Biblia, hay una escena al final de un par de capítulos llenos de acción que nos muestra esta idea de volver a intentarlo. En 1 Reyes 17, el profeta Elías oró y le dijo a Acab, el rey de Israel, que, como juicio, no llovería sobre la tierra a causa de la idolatría del pueblo. Luego, en el siguiente capítulo, descubrimos que la ausencia de lluvia hizo que Samaria experimentara una gran hambruna y Dios tuvo misericordia del pueblo.

«Después de muchos días, la palabra del Señor vino a Elías en el tercer año, diciéndole: "Ve, muéstrate a Acab, y enviaré lluvia sobre la superficie de la tierra". Y Elías fue a mostrarse a Acab. Y el hambre era intensa en Samaria».[1]

A causa de la hambruna, Elías comenzó a orar por lluvia. Sí, lo sé, el mismo que detuvo la lluvia ahora estaba orando por ella, pero recuerda que todo tuvo buenas razones.

«Y Elías dijo a Acab: "Sube, come y bebe; porque se oye el estruendo de mucha lluvia". Acab subió a comer y a beber, pero Elías subió a la cumbre del Carmelo; y allí se agachó en tierra y puso su rostro entre las rodillas».[2]

Aunque en este pasaje no se nos dice de forma específica que Elías hubiera orado, sí sabemos por Santiago 5:17-18 que lo hizo: «Elías era un hombre de pasiones semejantes a las nuestras, y oró fervientemente para que no lloviera, y no llovió sobre la tierra por tres años y seis meses. Oró de nuevo, y el cielo dio lluvia y la tierra produjo su fruto».

Lo siento, no quería arruinarte el final, pero probablemente ya sabías que volvería a llover, ¿no es cierto? En lo que quiero que nos enfoquemos es en lo que sucedió entre el momento en que Elías oró por primera vez y el momento en que la lluvia comenzó a caer.

«Y [Elías] dijo a su criado: "Sube ahora, y mira hacia el mar". Y [el criado] subió, miró y dijo: "No hay nada"».[3]

De manera que Elías perdió toda esperanza. Tiró la tolla. Se dio por vencido. Se fue a casa. ¿Es eso lo que leemos? No.

«Y Elías dijo siete veces: "Vuelve a mirar". Y sucedió que a la séptima vez, él dijo: "Veo una nube tan pequeña como la mano de un hombre, que sube del mar"».[4]

¿Notaste eso? Elías no envió a su criado una sola vez para subir y mirar si había nubes de lluvia en el cielo; cada vez que el criado le informó que no había nada, Elías le dijo que volviera a subir.

Elías: —Sube ahora, y mira hacia el mar. (1)
Criado: —No hay nada.
Elías: —Vuelve a mirar. (2)
Criado: —No hay nada.
Elías: —Vuelve a mirar. (3)
Criado: —No hay nada.
Elías: —Vuelve a mirar. (4)
Criado: —No hay nada.
Elías: —Vuelve a mirar. (5)
Criado: —No hay nada.
Elías: —Vuelve a mirar. (6)
Criado: —No hay nada.
Elías: —Vuelve a mirar. (7)

Criado: —Veo una nube tan pequeña como la mano
de un hombre, que sube del mar.

Elías le dijo al criado que subiera siete veces. Cuando lo intentamos de nuevo, hay riesgos, pero también recompensas. Al igual que Nick, cuando volvemos a intentarlo con tenacidad, resiliencia, valentía, fortaleza y fe, podemos fallar en el camino (incluso en múltiples ocasiones), pero si perseveramos, si seguimos avanzando, llegará el momento en que veremos la nube. Hay una recompensa por volver a intentarlo, aun cuando lo hemos hecho ya una y otra y otra vez. Sospecho que la mayoría de nosotros no lo vuelve a intentar o titubea al avanzar porque queremos ver la nube antes de comenzar... pero a menudo no funciona así, ¿cierto? No vemos la nube antes de volverlo a intentar; vemos la nube *cuando* lo volvemos a intentar. ¿Estás dispuesto a intentarlo una... y otra... y otra vez?

¿QUÉ TE DETIENE?

Dios nos ha llamado a vivir una vida de fe y, para hacerlo, debemos encontrar la fuerza para volverlo a intentar. Debemos configurar nuestro corazón y nuestra mente para caminar por fe y no por vista.[5] Sin embargo, esto nunca es fácil, ¿o sí? Es mucho más fácil esperar para ver primero la nube. Es mucho más fácil dejar que nos detenga lo que sea. ¿Alguna vez has considerado qué te está deteniendo?

- ¿De volver a orar?
- ¿De volver a sonreír?
- ¿De volver a amar?
- ¿De volver a esperar?
- ¿De volver a reír?
- ¿De volver a jugar?
- ¿De volver a descansar?
- ¿De volver a rendirte?
- ¿De volver a comenzar?
- ¿De volver a cuidar de ti mismo?
- ¿De volver a leer la Palabra?
- ¿De volver a asistir a la iglesia?
- ¿De volver a proclamar las promesas de Dios?
- ¿De volver a encontrar nuevos amigos?
- ¿De volver a dar?
- ¿De volver a abrirle las puertas a alguien?

Sé que a veces, cuando me he descubierto titubeando, mirando hacia atrás y atascándome, el temor tuvo algo que ver, aunque sé que Dios no nos ha dado un espíritu de cobardía.[6]

Para vencer el temor que ha intentado paralizarme y, posiblemente, hacerme mirar atrás y atascarme, he tenido que acordarme de la mujer de Lot y seguir peleando la buena batalla de la fe.[7] Esta no es una batalla física, sino espiritual, y todos somos llamados a pelearla. Nunca ha sido fácil para mi carne, ni para mi corazón ni para mi mente, pero, de nuevo, no puedo imaginar que algo llamado «batalla» pueda serlo. Ya sea que la batalla haya sido mental, emocional o espiritual, he tenido que buscar intencionalmente resistirme al temor que intenta estorbarme de ser sanada en mi corazón y mi mente, de hacer todo lo que Dios me ha llamado a hacer, de cumplir todos sus planes y propósitos para mí. Si conoces mi historia, que incluye abandono, adopción y abuso, entonces sabes cuántas cosas he tenido que superar... pero todos tenemos una historia parecida, ¿no es cierto?

En nuestra vida, existen traumas que no sabemos cómo superar, momentos que quedaron fijos en nuestra memoria hasta hoy y reacciones demasiado comunes al dolor que nos hacen retraernos y paralizarnos. Todos hemos estado allí, demasiado aterrados para siquiera intentar la idea de avanzar y de volverlo a intentar. Sin embargo, en algún punto, tenemos que ponernos de pie y regresar a la batalla. Siempre he querido que mis hijas se levanten, se sacudan el polvo (metafóricamente hablando) y lo vuelvan a intentar. Ya sea que estuvieran jugando un juego, terminando una tarea o aprendiendo a montar en bicicleta, la única manera era avanzar. No servía de nada detenerse, aunque eso era exactamente lo que querían hacer. Casi siempre, su primera respuesta era: «No, mamá, de nuevo no».

No obstante, hay algo que debemos entender. No pretendo que esto se convierta en una lección de español, pero vale la pena examinar la frase *de nuevo*. El diccionario nos indica que es una locución adverbial; nos dice cuándo hacer algo. Implica algo que se hace una vez más; regresar a una posición o condición anterior.[8] Puede ser usada en múltiples contextos.

«Fue genial encontrarnos de nuevo con viejos amigos».

«De nuevo, recuérdame ¿por qué estás haciendo esto?».

Cuando se trata de cosas internas difíciles en nuestra vida, cosas por las que necesitamos arriesgarnos de nuevo, imagino que la mayoría de nosotros diría esto: «Nunca volveré a hacerlo. De nuevo, no».

Admito que he dicho estas palabras en muchas ocasiones (cuando mi corazón ya no daba para más; cuando mis emociones estaban al rojo vivo) solo para darme cuenta de que no estaba hablando de forma sana, sino herida, y que no era mi fe la que se expresaba, sino mi temor. Y, sin embargo, no puedo evitar mencionar que hay ocasiones cuando ha sido completamente justificable y correcto decir: «No; de nuevo, no». En esos casos, lo dije de todo corazón. Hay cosas en nuestra vida que absolutamente no podemos volver a hacer o que nunca podemos permitir que otro nos vuelva a hacer.

En mi vida, a causa del abuso sexual que me sucedió cuando era niña (del que mis padres no tenían ni idea), nunca permitiré que otro abuse de mí de nuevo. Nunca me permitiré estar en una situación en la que pueda ser maltratada o violada. No puedo hacerlo. Y tampoco tú, en especial si has escapado de algún tipo de trauma. Hay veces cuando decir: «No; de nuevo, no» es una respuesta, no de debilidad, sino de fortaleza; no de resignación, sino de determinación; no de temor, sino de fe.

Tal vez alguien nos ha traicionado, herido, maltratado o calumniado. Cuando el enemigo nos tienta a revivir lo que nos hicieron, a consumirnos de nuevo por lo que nos hicieron, a meditar de nuevo en lo que nos hicieron, a dejarnos arrastrar de nuevo hacia la amargura y el resentimiento, en lugar de caminar en la libertad del perdón, debemos coincidir con el Espíritu de Dios: «No; de nuevo, no».

O, quizás, hay un área de la vida en la que luchamos con

un hábito o patrón en específico. Tal vez es una manera de pensar, de hablar, de insensibilizarnos, de relacionarnos o de escaparnos. Cuando el enemigo intenta hacer que cedamos ante algo o que tomemos pasos que nos llevarán a atascarnos de nuevo en esas cadenas en lugar de caminar en santidad y en obediencia, debemos huir, no juguetear con ello. Debemos proponernos, en el poder del Espíritu de Dios: «No; de nuevo, no. No me quedaré atascado; seguiré avanzando».

Tal vez Dios ha vuelto a despertar nuestra pasión para buscarlo con todo el corazón, para pasar tiempo en la Palabra, en adoración y en oración. Cuando el enemigo intenta distraernos para que no dediquemos nuestro tiempo en busca de Dios, debemos mantenernos firmes y constantes, resueltos y determinados: «No; de nuevo, no».

Tal vez Dios nos ha librado y sanado de una relación codependiente o dañina. Cuando vemos las señales de advertencia de los mismos patrones en otra relación, en vez de excusarlos o justificarlos o minimizarlos, debemos encontrar nuestra fuerza en Dios para darle la espalda a la relación y decir: «No; de nuevo, no».

El punto es que hay momentos cuando es correcto, bueno y honroso ante Dios decir: «No; de nuevo, no». Si Cristo murió para redimirnos de ello, entonces Él quiere que digamos: «No; de nuevo, no». Si Él nos rescató de ello, entonces quiere escucharnos decir: «No; de nuevo, no». Si esto nos aleja de Dios en lugar de acercarnos a Él, entonces quiere que digamos: «No; de nuevo, no». No somos llamados a regresar a esos lugares de muerte, sequedad y destrucción, sino a volver a intentar los propósitos de Dios.

TOMA RIESGOS Y AVANZA DE NUEVO

El «de nuevo» que quiero para ti, que Dios quiere para todos nosotros, es la práctica de levantarnos y avanzar de aquel lugar de fracaso, desilusión, dolor, angustia y pérdida hacia el futuro, el llamado y la labor que Dios tiene para nosotros.

LA FE ES UNA AVENTURA

Pienso que es inspirador que, cuando Elías oró por lluvia, fue la promesa de Dios de enviarla lo que sirvió como base para su persistencia. Él recibió una palabra de Dios y salió a proclamar con fe y valentía que llovería, incluso antes de tener una sola razón natural para proclamar lluvia. La tierra estaba seca y el cielo, vacío. Sin embargo, incluso antes de orar, él anunció lo que Dios estaba haciendo. Proclamó lo que sucedía en el reino espiritual donde ya estaba lloviendo. Él dijo: «Se oye el estruendo de mucha lluvia» mucho antes de sentir la primera gota.[9]

¿Cuál fue la fuente de la confianza de Elías? No fue que Elías lo deseaba. No fue que Elías lo declarara. Fue que Dios, que cumple su Palabra, lo había anunciado. Hay un gran poder cuando comenzamos a hablar la Palabra de Dios. Tiene un gran poder dar pasos de fe, en especial cuando no podemos ver nada que confirme nuestras oraciones, pero eso es exactamente lo que hace la fe. «La fe es la certeza de lo que se espera, la convicción de lo que no se ve».[10]

Para Elías, el tiempo que tomó sentir la lluvia fue lo que tomó a su criado correr de un lado al otro siete veces. Aunque el criado de Elías volvió a subir físicamente, Elías volvió a subir espiritualmente, de vuelta a lo que Dios había dicho.

> Tenemos que arriesgarnos a creer y proclamar las promesas de Dios antes de poder verlas.

No sé qué pasó por la mente del criado durante todo este tiempo, pero sí sé por experiencia que no hay nada que desafíe más tu fe que volver a intentarlo y seguir sin ver nada, en especial cuando se trata de una promesa de Dios que ha quedado sin cumplir durante semanas, meses o años. No obstante, incluso en esos momentos, en mi vida y en la tuya, tenemos que arriesgarnos a volver a intentarlo. Tenemos que arriesgarnos a creer y proclamar las promesas de Dios antes de poder verlas. Tenemos que saber y esperar cosas en el interior mucho antes de verlas en el exterior.[11]

PODEMOS VOLVER A INTENTARLO

Una vez que Nick regresó victorioso de su carrera en Sudáfrica y que tuvo tiempo de recuperarse físicamente, pasamos tiempo hablando de lo que sucedió internamente con relación a todo lo que logró exteriormente y no pude evitar preguntarle qué fue lo que lo mantuvo en el asiento durante los días más difíciles. Su respuesta fue una lección para todos nosotros.

Me dijo que, por todo lo que había experimentado personalmente y lo que había visto a otros lograr, había descubierto que las personas son mucho más resistentes de lo que creen que son. Continuó diciendo que, si tan solo siguen adelante, pueden superar muchas cosas. Los que se dan por vencidos antes de tiempo siempre se sienten decepcionados y los que siguen adelante experimentan una sensación de logro, algo que todos anhelamos sentir. Para Nick, no hubo un solo día en la línea de partida en que deseara enfrentar otras diez horas de pedalear, pero, aunque no le gustara el proceso, lo que sí quería era llegar al final. Quería la recompensa que viene con terminar la carrera.

Cuando terminó de hablar, no pude evitar equipararlo con nuestra carrera espiritual y con las palabras del apóstol Pablo: «He peleado la buena batalla, he terminado la carrera, he guardado la fe».[12]

¿No es eso lo que todos queremos decir al final de nuestra carrera? Sé que yo sí. Además, Nick me compartió que, en algunos de los momentos más difíciles, obtuvo valentía de las personas a su alrededor, ya que podía ver que se estaban esforzando tanto como él. Y, cuando en verdad sentía que ya no podía seguir adelante, lo que en realidad necesitaba era detenerse un momento, descansar y comer algo. No necesitaba nada inmenso ni extraordinario. Solo necesitaba comer.

No puedo contar las veces en que me he sentido cansada hasta la médula y lo único que necesitaba hacer era descansar. Necesitaba detenerme y comer. Necesitaba un tiempo con Nick o con las niñas. Y, luego, estaba lista de nuevo. Lo que necesitaba eran cosas sencillas, cotidianas, no necesariamente unas vacaciones. Son las cosas pequeñas las que nos ofrecen la mejor vida, ¿no es cierto?

Otra cosa que Nick dijo y que he recordado con el tiempo es lo mismo que aprendí cuando tuve que recuperarme de un accidente de esquí hace años. Nick dijo que, en el quinto día, cuando salió de la línea de partida y dobló la primera esquina, se encontró con un ascenso de unos 1000 m (3000 ft) de altura. Al darse cuenta de que vendrían horas de dolor brutal, se dijo a sí mismo: «Aceptaré el dolor». Eso es lo que Nick dice a menudo cuando se enfrenta con algo difícil.

En nuestra vida, si no decidimos avanzar y aceptar el dolor, es mucho más probable que nos descubramos mirando atrás y atascándonos en lugares donde no queremos estar. En 2019, cuando Nick tuvo que retirarse de la carrera, se quedó cinco días más para ver a sus amigos cruzar la meta. Y, ya que había visto la meta, sabía cómo sería el final de su propia carrera. Eso fue lo que guardó en su mente. Esa fue la visión que lo mantuvo avanzando. Eso le dio la fe y la fuerza que necesitaba para seguir hasta el final.

Para mí, eso es lo que me provoca la esperanza de oír a mi Padre celestial decir: «Bien, siervo bueno y fiel».[13] Me mantiene intentándolo una y otra y otra y otra vez. Tantas veces como sea necesario.

Cuando le pregunté a Nick por primera vez de qué forma lo había cambiado terminar la carrera Cape Epic, supe por su respuesta lo que aún no me decía, que iría de nuevo a Sudáfrica y volvería a correr. Nick dijo que todos los años de entrenamiento y lograr cruzar la línea de meta le habían dado una pasión más grande por continuar, una tolerancia más grande ante los reveses, un compromiso más grande para lograr nuestras metas familiares y ministeriales, un mejor entendimiento de que, si perseveramos, superaremos lo que sea.

Lo mismo sucede en lo espiritual. Cuando estamos dispuestos a perseverar a pesar del dolor de lo que nos detiene, podemos volver a intentarlo. Podemos seguir corriendo y terminar la carrera.

Acuérdense de la mujer de Lot •————————————•

La mujer de Lot no deseaba avanzar. Cuando nosotros no deseamos avanzar, en especial cuando tenemos temor de arriesgarnos de nuevo, ¿qué suele estar en juego? La decepción por los resultados de un riesgo pasado.

1. Cuando damos pasos y nos arriesgamos, pero los resultados no son lo que habíamos esperado o imaginado, podemos responder de diferentes maneras. Identifica algunas veces cuando te has encontrado en esa situación y anota la manera en que respondiste.

2. Al ver estos casos, ¿identificas un patrón en la forma en que respondes ante el riesgo (o los intentos repetidos)? ¿De qué manera sientes que Dios desea que respondas diferente?

SEIS

Avanza con lo que tienes

Al reunirnos alrededor del grupo de mesas, no podía dejar de sonreír y de decirle a todos cuánto significaba para mí verlos y estar todos juntos en un solo lugar. Por primera vez desde el inicio de la pandemia, Nick y yo nos encontramos en persona con los líderes del equipo global en Riga, Letonia, para un retiro de tres días. En el pasado, siempre habíamos sostenido reuniones anuales para fortalecer el equipo y forjar relaciones más profundas, sobre todo desde que habíamos crecido hasta tener diecinueve oficinas en dieciséis países. Siempre fue un tiempo maravilloso de planeación y de formación de estrategias para el futuro y, ya que tantos del equipo habían trabajado con nosotros durante años, el amor y el respeto que compartíamos lo volvía algo mucho más significativo. Cuando el COVID19 interrumpió nuestras reuniones anuales de 2020 y 2021, fue difícil para todos. Cuando las restricciones se relajaron y comenzamos a planear nuestro retiro de 2022, no pude sino esperar que fuera increíblemente especial.

Al comenzar la primera noche con un menú de comida letona para la cena, me senté frente a Szymon y Kinga, nuestros pastores de la Iglesia Zoe en Varsovia. No podía esperar oír de todas las maneras en que habían estado participando en ayudar a los refugiados ucranianos. Desde que Nick le pidió a Szymon que viajara a la frontera entre Polonia y Ucrania para encontrarse con Julia, nuestra directora nacional de Ucrania para A21, junto con el resto del equipo que huía de Kiev, la Iglesia Zoe no había dejado de hacer todo lo posible para ayudar a todos a cruzar la frontera. Yo había leído los correos electrónicos y los informes de Szymon y Kinga. Había hablado con ellos por teléfono y por Zoom. Había escuchado mientras Nick me informaba de otras conversaciones con ellos. Y, ahora, por primera vez, tenía la oportunidad de escucharlo todo en persona. Más que nada, quería entender bien cómo una iglesia de ciento veinte personas había logrado hacer tanto con tan poco para ayudar a tantas personas.

Después de darles solo el tiempo suficiente para terminar la entrada de sopa de remolacha, pan de centeno y arenque bajo abrigo, comencé a hacerles preguntas pertinentes que los llevaron a compartir historia tras historia.

Durante las primeras dos semanas de la guerra, Szymon, junto con todos los miembros de la iglesia disponibles, hicieron viajes de ida y vuelta 24 / 7 a la frontera para recoger mujeres y niños y transportarlos de forma segura a Varsovia. Pudieron ver las líneas de autos que se extendían por más de 38 km (24 mi) en el lado ucraniano. Observaron las interminables oleadas de mujeres y niños caminando, arrastrando maletas y despidiéndose de sus maridos, hijos, padres, abuelos, tíos y vecinos… todos ellos, varones que no se les permitiría cruzar con ellos. Pudieron ver de cerca la conmoción, el temor, la angustia y el dolor de las mujeres al poner pie en Polonia con sus hijos y poco más. Les fue difícil ignorar cuán perdidos e inseguros estaban los refugiados en cuanto al futuro.

Szymon y su equipo de voluntarios no fueron los únicos en ayudar, ya que había otras iglesias, ONG y comunidades de asistencia internacional, pero en esas primeras semanas, fueron las personas ordinarias como los miembros de la Iglesia Zoe los que hicieron lo que pudieron por ayudar a sus vecinos ucranianos.

Al recordar 2016, me vino a la mente el momento cuando fui a la frontera en Grecia mientras los refugiados de Siria y de Turquía llegaban por millones. Fue algo totalmente diferente de lo que Szymon y Kinga estaban describiendo. En ese tiempo, las comunidades de asistencia internacional construyeron campos de gran escala y largo plazo para alimentar y alojar a las personas, para ayudarlos a llegar a su destino. Por lo que he podido descubrir, ese no fue el caso en Polonia en 2022. En cambio, había tiendas de asistencia internacional donde los refugiados podían encontrar direcciones, atención médica, alimento y agua, pero fue el pueblo polaco, incluyendo los miembros de la Iglesia Zoe, quienes los transportaron de la frontera a la seguridad de hoteles, apartamentos o casas.

Una vez que las mujeres y los niños comenzaron a llegar a Varsovia, Szymon y Kinga comenzaron a buscar maneras para ayudarles, ya fuera para quedarse en la ciudad o para viajar con familiares o amigos en otras partes de Europa. En algún momento durante esta época, Nick y yo lanzamos un fondo global de asistencia para ayudar a levantar fondos para el trabajo en el campo. Szymon colaboró con otras ONG y agencias, ya que sabía lo que se necesitaría para que todos juntaran sus dones, talentos y recursos para brindar el tipo de ayuda que los refugiados necesitaban. Todo era demasiado grande para una sola organización, pero sí había cosas que todos podían hacer.

Con la ayuda de donadores, la iglesia comenzó rentando cinco apartamentos. Luego, un miembro de la iglesia rentó más apartamentos y organizó hospedaje para hasta cien personas. En cualquier momento dado, las personas podían quedarse en un apartamento durante algunos días antes de moverse a otras partes de Europa o podían quedarse allí indefinidamente. Otros miembros de la iglesia participaron con corazones generosos y manos abiertas; recolectaron o compraron comida, pañales, fórmula para bebés, ropa, cobijas y cualquier otra cosa que pudiera ser de ayuda. Una mujer usó su estética como almacén para que otros negocios de su calle pudieran donar comida y suministros. Un equipo de voluntarios comenzó a ayudar a los refugiados a encontrar casa, recibir atención médica, conseguir empleos e inscribir a sus hijos en la escuela. Para una familia con una hija con problemas fuertes de discapacidad que estaba muy enferma, Kinga pasó días encontrando un apartamento en renta, un hospital y terapias para la niña. Cuando la chica requirió algunos suministros especiales para sus sesiones de rehabilitación, la iglesia se los compró también.

Al igual que muchos polacos, los miembros de esta iglesia sacrificaron incluso más cosas. Abandonaron su comodidad personal y su privacidad e invitaron a refugiados ucranianos a vivir con ellos. A pesar de los temores que, entendiblemente, pudieran haber tenido (no solo porque muchos vivían en casas pequeñas, tenían su propia familia y presupuestos limitados, sino también porque no siempre sabían quiénes eran estas personas ni durante cuánto tiempo tendrían que quedarse) todos recibieron a alguien en casa.

Al imaginarme que esto sucediera donde vivo, comencé a pensar si las personas de mi ciudad habrían estado tan dispuestas a abrir sus puertas y compartir sus lugares más sagrados. No pude evitar preguntarme si yo misma y Nick hubiéramos sido tan rápidos en ayudar como la gente de la Iglesia Zoe. Me gustaría pensar que sí, en especial después de escuchar más de las historias de Szymon y Kinga.

Una pareja de la iglesia, Kamil y Ania, recibieron a doce miembros de su familia. Otra pareja recibió a cinco miembros de una familia desconocida. Otros recibieron a siete, una mezcla de amigos y amigos de amigos. Todos los miembros de la iglesia se ofrecieron para compartir su hogar con quien necesitara un lugar para quedarse. Al escuchar lo que todos en la iglesia hicieron, no pude sino pensar en las personas mencionadas en Hechos 2, que vendieron sus posesiones y juntaron sus recursos para que las necesidades de todos fueran suplidas.

Cuando le pregunté a Kinga por qué creía que el pueblo polaco había sido tan abierto y generoso, a pesar de las preocupaciones naturales de permitir que otras personas se quedaran con ellos, personas que nunca habían conocido y que no tenían ninguna obligación de ayudar, una mirada a la historia lo dijo todo. Polonia, durante la ocupación alemana en la Segunda Guerra Mundial, fue el hogar de seis campos de exterminio.

Kinga me explicó que todos habían crecido escuchando de esto en la casa y en la escuela:

«Conocemos las historias, todos tuvieron que esconder a alguien. Todos ayudaron a otro a escapar. Mis abuelos tenían historias. Mis tías y tíos tenían historias. Leíamos sobre todo esto en las clases de historia en la escuela. Cuando llegó la guerra, sabíamos lo que debíamos hacer. Fue natural para nosotros».

Cuando pregunté de forma específica sobre la renuencia natural que seguramente la gente experimentó, ella me dijo que hubiera sido fácil ceder ante el temor, esperar a ver qué podían hacer el gobierno y las comunidades internacionales, pero en el fondo de la mente de las personas estaba la idea de que ellos podrían ser los siguientes… de que Polonia podría ser la siguiente.

POR MUCHOS O POR POCOS

De lo que me di cuenta después de esa cena con Szymon y Kinga fue que, cuando comenzaron a responder a la crisis humanitaria provocada por la guerra, no creo que hayan podido imaginar la magnitud del impacto que tendría su pequeña iglesia. Estoy tan agradecida de que nunca pensaron que, ya que Zoe no era una iglesia grande, debían abstenerse y no hacer todo lo que podían con lo que tenían. En cambio, entendieron que, al igual que Dios estaba esperando que la mujer de Lot avanzara, también a menudo espera que nosotros nos levantemos, nos desatasquemos, dejemos de procrastinar, dejemos de titubear y avancemos con Él. Está esperando hacer algo por medio de nosotros. Está esperando que pongamos la mano sobre el arado.[1] Eso fue lo que Szymon y Kinga entendieron. Servimos a un gran Dios que puede hacer cosas inimaginables mediante personas que están dispuestas y disponibles. Sus acciones me hicieron pensar en lo que Jonatán, el hijo del rey Saúl, dijo a su escudero cuando los dos estaban por subir contra el ejército filisteo solos: «Quizá el SEÑOR obrará por nosotros, pues el SEÑOR no está limitado a salvar con muchos o con pocos».[2]

Ya sea que estemos trabajando con poco o con mucho, eso no limita a Dios. Lo que pensamos que lo limita no lo hace. De hecho, cuando Nick y yo salimos esa noche de la cena en Riga, lo hicimos con mucho más que un informe de todo lo que la Iglesia Zoe estaba haciendo. Nos fuimos con un entendimiento mucho más grande de lo que Dios quería que todos nosotros hiciéramos. Si cada uno de nosotros hace lo que puede con lo que tiene, aun cuando sea poco, nuestro poco resultará en mucho, no por causa de nosotros, sino por causa de Dios. Por causa de nuestra obediencia a Dios. Por causa de su fidelidad hacia nosotros. Por causa de su disposición a ayudarnos con lo que sea que ha puesto en nuestro corazón hacer. A veces, cuando estamos atascados en un lugar, entender esto y luego llevarlo a cabo es lo que nos ayuda a avanzar.

Puedo ver este patrón en toda la Biblia. Dios trabaja con nuestro poco, sin importar qué sea, y

> Dios trabaja con nuestro poco, sin importar qué sea, y nos ayuda a avanzar.

nos ayuda a avanzar. Recuerda que, cuando Dios mandó a Moisés que fuera ante el faraón y Moisés le preguntó: «¿Qué pasa si no me creen?», ¿qué respondió Él? ¿Señaló las fortalezas, las habilidades y las cualidades de Moisés? No, le hizo una pregunta: «¿Qué tienes en la mano?», y luego usó la vara de Moisés.[3] Algo tan pequeño. Algo que parecía insignificante. Eso fue lo que Dios usó. E hizo lo mismo con el cordón y la cuerda de Rahab.[4] Con la honda y las cinco piedras lisas de David.[5] Con la vasija de aceite de la viuda.[6] Con un vaso de agua fría.[7] Con una comida, una prenda, una visita.[8] Hasta con el almuerzo de pescado y pan de un niño.[9]

En cada una de esas instancias, Dios trabajó mediante algo pequeño para lograr algo grande… y en cada una de estas instancias, Él dio a cada persona una invitación y una decisión. Una invitación para participar en los propósitos de Dios donde Él los colocó y una decisión de ofrecer lo que tenían para lo que Él quisiera usarlos.

Dios nos ha elegido a ti y a mí para este tiempo. Él nos ha llamado y nos ha creado para cumplir sus propósitos en esta generación. Cuando ponemos nuestro poco en las manos de un gran Dios, las cosas suceden, ¿no es así? Ninguno de nosotros tiene la habilidad ni la capacidad para hacer por nuestra cuenta todo lo que Dios nos ha pedido, pero cuando le damos nuestro poco, cuando lo invitamos a nuestra vida para hacer lo que solo Él puede hacer, nos ayuda a avanzar hacia todo el propósito que Él ha planeado para nosotros.

DEVALUAR NUESTRO POCO NOS CONDUCE A LA PROCRASTINACIÓN

Creo que es interesante que, a pesar de lo que entendemos sobre dar nuestro poco a Dios, a menudo tendemos a despreciar eso que consideramos poco, en lugar de valorarlo, sea lo que sea. Tendemos a «menospreciarlo», aunque la Palabra nos advierte que no lo hagamos. «No menosprecien estos modestos comienzos, pues el SEÑOR se alegrará cuando vea que el trabajo se inicia».[10] ¿Qué nos mueve a menospreciar nuestro poco?

A veces, creo que lo menospreciamos por el costo. Cuando algo recién comienza, ya sea un proyecto, un negocio o nuestra educación, todo es difícil. Todo. Y podemos vernos tentados a «menospreciarlo» por lo que requerirá de nosotros: inversiones, energía, compromiso, recursos, tiempo, sacrificio y tantas cosas más. Si no somos cuidadosos, podemos llegar a creer que el costo de nuestra acción será más grande que el de nuestra inacción… que el costo de nuestra obediencia será más grande que el de nuestra desobediencia. Este nunca es el caso.

Por supuesto, siempre hay otras razones por las que menospreciamos nuestro poco. El temor al fracaso (algo fácil de identificar porque nos lleva a estar consumidos con incertidumbre respecto al futuro) puede llevarnos a menospreciar esos modestos comienzos.

- ¿Qué pasa si fracaso?
- ¿Qué pasa si pierdo mis amigos?

- ¿Qué pasa si no obtengo el ascenso?
- ¿Qué pasa si no está dentro de mis capacidades?

¿Qué pasa si…? ¿Qué pasa si…? ¿Qué pasa si…? La vida puede estar llena de esta incertidumbre, ¿o no?

Otra razón por la que podemos menospreciar nuestro poco es porque sentimos que merecemos cosas: «Si Dios quisiera que haga más, me daría más».

«Dios no querría que dejara de estar cómodo».

«Dios solo quiere bendecirme. Él no demanda nada de mí. Él solo quiere que yo sea feliz».

Es demasiado fácil permitir que estos pensamientos (que pueden ser subconscientes) nos mantengan en la inacción. Sentir que merecemos cosas puede convertirse en algo sutil, que alojamos en lo profundo de nuestro corazón. Hace que pensemos que merecemos más de lo que tenemos y que Dios no podría querer que hagamos más si no nos da más con qué trabajar. La realidad es que Dios tiende a trabajar de la forma opuesta; Él quiere que le demos todo lo que tenemos, de manera que pueda hacer con ello mucho más de lo que podemos pedir o esperar. Si seguimos esperando tener más y más, nos quedaremos atascados.

De la misma manera, las ambiciones egoístas pueden llevarnos a menospreciar los modestos comienzos. Cuando no queremos hacer lo que Dios nos está llamando a hacer porque no nos parece lo suficientemente exitoso, glamoroso, significativo, influyente, llamativo, valioso, grande o importante, podemos estar seguros de que esto está sucediendo. Debemos arrepentirnos de nuestras ambiciones egoístas y remplazarlas por ambiciones piadosas que nos harán ver las oportunidades para lograr un impacto en el reino en aquellas que parecerían oportunidades insignificantes.

El enemigo usa incontables tácticas para movernos a despreciar lo pequeño, pero todas ellas tienen el mismo objetivo, el mismo resultado pensado: evitar que sigamos avanzando, mantenernos atascados, dejarnos sin fruto. Seamos personas que entienden eso para no ser engañados por las artimañas del enemigo.[11]

Cuando Elías le pidió a la viuda de Sarepta un pedazo de pan, ella le respondió: «Vive el SEÑOR tu Dios, que no tengo pan, solo tengo un puñado de harina en la tinaja y un poco de aceite en la vasija y estoy recogiendo unos trozos de leña para entrar y prepararlo para mí y para mi hijo, para que comamos y muramos».[12]

La viuda estaba concentrada en lo que no tenía. Estaba consumida por lo poco que tenía. Mira las palabras que usó: solo, un puñado y un poco. Por cierto, ¿notaste lo que dijo después de enfocarse en lo poco que tenía? Dijo: «Estoy recogiendo unos trozos [literalmente, dos] de leña». ¿Por qué mencionar dos trozos de leña? ¿Acaso había una escasez de leña en la tierra? ¿Podía usar solo dos? Por supuesto que no. Estaba cayendo en la espiral descendente de la negatividad. Al enfocarse en lo que no tenía, veía limitaciones en dondequiera que mirara. Debemos aprender de esto. Cuando limitamos nuestro enfoque en lo que no tenemos, terminamos viendo todo a través del lente de las limitaciones y esto nos lleva a la procrastinación. ¿Cómo suenan tus palabras? ¿Suenan como las de la viuda? ¿Estás enfocado en lo que te falta?

Expliquemos esto un poco mejor: si no tenemos cuidado con la forma en que percibimos el valor de algo (en especial cuando parece ser poco), podemos llegar al punto de devaluarlo. Podemos llegar al punto de pensar, evaluar, valorar y ponderar lo que no tenemos, en lugar de trabajar con lo que sí tenemos. ¿Recuerdas la historia de la viuda que colocó dos monedas en el arca del templo? Jesús la vio y dijo: «En verdad les digo, que esta viuda pobre echó más que todos los contribuyentes al tesoro; porque todos ellos echaron de lo que les sobra, pero ella, de su pobreza, echó todo lo que poseía, todo lo que tenía para vivir».[13]

Es demasiado fácil titubear al actuar y procrastinar hasta terminar atascados, pero Dios nunca quiere eso para nosotros. La palabra *procrastinar* significa «diferir o aplazar algo». Otra definición dice: «hacer un *hábito* de postergar algo».[14] Yo no quiero quedarme atascada para siempre y pienso que tú tampoco, pero sospecho que, hasta cierto punto, todos procrastinamos de forma natural cuando postergamos cosas que no queremos hacer: deberes, tareas, reuniones de negocios, llamadas, enfrentamientos, entrenamientos, proyectos y cosas similares. Sin embargo, cuando la procrastinación comienza a postergar el cumplimiento del propósito de Dios en nuestra vida, debemos echar un vistazo más de cerca a la forma de evitar que nos detenga.

Cuando le pregunté a nuestra psicóloga clínica de A21, la doctora Rhiannon Bell, que trabaja en nuestros programas de cuidado postratamiento y de supervivientes, cuáles consideraba que eran las principales razones por las que nos quedamos atascados, afirmó que una de estas era la procrastinación.

Luego, dijo que los que procrastinan a menudo son perfeccio-nistas y que, si uno tiene estándares perfeccionistas, entonces puede haber un temor de no alcanzar las expectativas. Cuando eso sucede, esta persona comienza a procrastinar porque no quiere fracasar.

Yo imagino que el perfeccionismo y la procrastinación obrando conjuntamente en nuestra vida crearían un círculo vicioso en el que no podríamos evitar encontrarnos atasca-dos y sin avanzar. Tal vez no en todas las áreas de nuestra vida, pero posiblemente sí en varias. En mi propia vida, he titubeado en ocasiones. A veces, también he procrastinado. Incluso me he dicho que trabajo mejor bajo presión para ali-viar mi consciencia (de hecho, sí trabajo mejor bajo presión). Sin embargo, en lo profundo, sé que esto no es verdad, en especial cuando coloco a los que estaban a mi alrededor bajo la misma presión. Aun así, he hecho mi mejor esfuerzo por no permitir que el perfeccionismo (algo de lo que soy culpable en ocasiones) me lleve a la procrastinación, un paso tan sencillo. Entiendo que ninguno de nosotros quiere fracasar, pero siem-pre que tomamos un paso hacia adelante, invaria-blemente nos arriesgamos al fracaso. En mi expe-riencia, es mejor avanzar y fracasar que mantener-nos atascados y perdernos

> En mi experiencia, es mejor avanzar y fracasar que mantenernos atascados y perdernos de todo lo que Dios quiere hacer en nosotros, a través de nosotros y con nosotros.

de todo lo que Dios quiere hacer en nosotros, a través de nosotros y con nosotros. Cada vez que he dado pasos en fe, emprendido una nueva iniciativa o incluso subido a un escenario para hablar, he sentido temor al fracaso. He sentido las posibilidades de riesgo que estaba tomando. Sin embargo, no he permitido que esto me detenga.

En esta etapa de la vida, me he arriesgado a avanzar tantas veces que ya solo me obligo a hacer lo que es necesario siempre que es necesario. Hace años, aprendí a nunca levantarme y preguntarme cómo me siento respecto a hacer cualquier cosa que necesite hacer, ya sea escribir un mensaje, completar un proyecto o hacer ejercicio. Si comienzo a divagar por estas veredas mentales, lo más probable es que nunca logre completar algo de nuevo. Encontraré millones de razones para procrastinar a diario. Me atascaré al pensar en el siguiente correo que tengo que enviar, en la siguiente llamada que tengo que hacer, en la siguiente reunión que debo agendar, en el siguiente mensaje que debo investigar, en el siguiente ensayo que tengo que escribir, en el siguiente avión que tengo que tomar… cualquier cosa menos dar el siguiente paso para avanzar con lo que es necesario hacer.

No estoy sugiriendo que haya sido fácil llegar a este punto, para nada. Conozco mis propias debilidades. Sé cuánto me encantan las patatas fritas, el *baklava* y el queso feta fundido. Sé cuánto me gusta acostarme en una hamaca. Conozco el poder que tienen el perfeccionismo y la procrastinación para detenerme, pero también conozco el poder de Dios… un poder mucho más grande.

Cuando la viuda de Sarepta hizo lo que Elías le pidió con

lo poco que tenía, Dios se aseguró de que fuera más que suficiente. «Y ella, él y la casa de ella comieron por muchos días. La harina de la tinaja no se acabó ni se agotó el aceite de la vasija, conforme a la palabra que el Señor había hablado por medio de Elías».[15]

Estoy tan agradecida de que Szymon y Kinga no titubearan, como sí lo hizo la mujer de Lot, porque titubear es procrastinar, ¿no es cierto? Szymon y Kinga no procrastinaron cuando se enteraron de lo que estaba sucediendo en la frontera entre Polonia y Ucrania. No se detuvieron a preguntarse si tenían los suficientes recursos o tiempo o espacio. No necesitaban una solución para todos los millones de refugiados para comenzar a ayudar a algunos de ellos. Simplemente, lo hicieron. Avanzaron en fe, con toda la fe que tenían y le creyeron a Dios que su fe del tamaño de una semilla de mostaza era más que suficiente. ¿No es esa la misma fe que Él nos ha dado a cada uno? «Entonces el Señor dijo: "Si tuvieran fe como un grano de mostaza, dirían a este sicómoro: 'Desarráigate y plántate en el mar', y les obedecería"».[16]

Szymon y Kinga hicieron lo que pudieron con lo que Dios había puesto en sus manos… y Él lo usó. Además, ya que fueron fieles con lo que Dios les dio, Él puso más en sus manos para hacer más por medio de ellos. Ellos entendieron el principio que Jesús enseñó a todos: «El que es fiel en lo muy poco, es fiel también en lo mucho; y el que es injusto en lo muy poco, también es injusto en lo mucho».[17]

¿QUÉ PUEDES VER? EL ROL
DE LA PERCEPCIÓN

Cuando Dios nos llama a hacer algo nuevo, a comenzar con lo que tenemos, la verdad es que podemos percibir ese llamado de dos maneras: como una interrupción o como una invitación.

Cuando los ángeles llegaron a Sodoma en una misión de rescate, Lot y su familia estaban acostumbrados a la vida tal como la conocían. No hay duda de que tenían planes para ese día, para esa semana y, tal vez, hasta para ese año, y podemos entender por su tardanza a responder a los ángeles y por la mujer de Lot que miró atrás que esos planes no incluían una reubicación. Para ellos, el llamado de salir y avanzar, de dejar lo que tenían, fue una interrupción.

Contrasta esto con la viuda. Cuando llegó Elías, ella tenía un plan definido. Estaba en el proceso de recolectar leña para la última comida de ella y de su familia, pero Elías la redirigió: «Primero hazme una pequeña torta de eso y tráemela; después harás para ti y para tu hijo».[18] Ella hizo como él le indicó, sin percibir el llamado a dar estos pasos como una interrupción, sino más bien como una invitación.

Szymon y Kinga hicieron lo mismo. Antes de la guerra, ellos habían planeado el año entero para la Iglesia Zoe. Tenían planes para expandir su alcance, su crecimiento y su discipulado. Tenían programado mudarse a un lugar más grande. Sin embargo, cuando comenzó la guerra, deshicieron por completo esos planes porque un conjunto diferente de prioridades tomó precedencia. Cuando hicieron el primer trayecto para encontrarse con Julia y el equipo en la frontera, no tenían idea de cuántas mujeres y niños podrían ayudar. No conocían el fin desde el principio y, para ser honestos, tampoco ahora lo conocen. No saben cuándo ni cómo acabará la guerra. No saben cuántas mujeres y niños más necesitarán su ayuda. No tienen idea de qué puede aguardarles el futuro, pero sí saben que deben dar el siguiente y gradual paso hacia los propósitos de Dios para la Iglesia Zoe… y para el pueblo de Ucrania.

Cuando Nick y yo nos despedimos de todos en el retiro global, Szymon nos dijo: «Incluso si la guerra se terminara mañana y se negociara y firmara un tratado de paz, la Iglesia Zoe está comprometida con esto en el largo plazo. Entendemos que la obediencia debe ser perpetua. Sabemos que, aun si se terminan los bombardeos, tomará diez o quince años reconstruir lo que se ha destruido y seguiremos haciendo lo que podamos para ayudar a la gente de Ucrania».

Si hemos de comenzar con lo que tenemos, aun cuando sea poco, tenemos que aprender a aceptar el llamado a hacerlo como una invitación a los propósitos de Dios, en lugar de rechazarlo como una interrupción a nuestros planes.

COMENZAR

En mi vida, todo comenzó con hacer lo que podía con lo que tenía en el lugar que me encontraba. No inicié con un ministerio global. No comencé al frente de una organización mundial en contra de la trata de personas ni de un movimiento a favor de las mujeres a esta escala. No comencé hablando y animando a personas en la televisión, en las iglesias, en conferencias, en libros ni en pódcast. Comencé con entregar mi vida por completo a Jesús, asistir a la iglesia y luego ofrecerme como voluntaria en el ministerio de jóvenes. De allí, lo único que hice fue seguir dando el siguiente paso que Dios me ponía en frente. Seguí estando presente, sirviendo y haciendo lo que me fuera requerido con gran pasión, compromiso, fidelidad, gozo y, a veces, también renuencia y lágrimas. Con las décadas, Dios siguió abriendo puertas y oportunidades donde nunca habría planeado ni soñado. Hubo veces cuando pensé que estaba retrocediendo, pero Dios me estaba haciendo avanzar. Ha habido numerosas temporadas de desierto, de poda, de lamento e incontables pruebas, tormentas, decepciones y errores en el camino. No obstante, de alguna manera, por la gracia de Dios y por el compromiso de seguir perseverando, tomaba el siguiente paso que Dios me ponía. Él es quien edifica; nosotros somos los que obedecemos, creemos, perseveramos y avanzamos.[19]

¿Te está llamando Dios a dar un paso al frente y comenzar con lo que tienes, aun si piensas que es poco? Entiendo que no siempre es fácil dar ese siguiente paso, pero si queremos avanzar, debemos hacerlo. Debemos soltar lo viejo, lo familiar, lo seguro, lo cómodo, lo conocido… exactamente lo que Dios quería para la mujer de Lot. Tenemos que dejar de dudar de nosotros mismos. Tenemos que ser flexibles, moldeables, dispuestos a cambiar y a crecer. Todo lo que necesitas para dar el siguiente paso es una fe tan pequeña como una semilla de mostaza. ¿Qué paso te está llamando Dios a tomar para comenzar? Mi oración es que hoy des ese paso de fe porque, en las manos de Dios, ¡un poco puede lograr mucho!

Acuérdense de la mujer de Lot •————————•

Puede que la mujer de Lot haya temido o despreciado los modestos comienzos.

1. Lee Lucas 10:3-17. ¿Con qué envió Jesús a sus discípulos? ¿Por qué piensas que los envió con tan pocas provisiones?
2. Reflexiona en algunos pasajes (por ejemplo: 1 Ts 5:24; Sal 50:10-12; Fil 4:19; 1 Ts 5:16-18; Heb 11:6; Stg 4:3). ¿Qué creencias sobre Dios y su carácter, y qué prácticas de oración nos pueden proteger de despreciar los modestos comienzos?

SIETE

No avances solo

Dawn, mi amiga y compañera de senderismo, sabía lo nerviosa que me pongo al pensar en encontrarme con una serpiente en una vereda, así que caminaba delante de mí, moviendo los arbustos junto al camino con su bastón mientras pasaba. La idea era que, si había una serpiente escondida en un arbusto, el sonido la hiciera huir en la dirección contraria, lejos de nuestro siguiente paso. Después de salir juntas de excursión durante un par de años, Dawn había aceptado este rol de ahuyentadora de serpientes con más gusto. Aunque a mí me encantaba el senderismo y apreciaba las maravillas de la naturaleza, no me gustaban los encuentros con serpientes. Por supuesto, a Dawn tampoco, pero ya que había practicado el deporte durante décadas, lo aceptaba de buena gana y ambas sabíamos que este era el hábitat de los animales, no el nuestro (algo que dejaba perfectamente claro el señalamiento al inicio del sendero). En palabras grandes y llamativas, advertía: Cuidado con las serpientes de cascabel. De hecho, estas señalizaciones aparecen en la mayoría de los senderos del sur de California. En todas las expediciones, apenas me podía contener de no obsesionarme con encontrarme con una serpiente cuando veía los letreros. Dawn hacía un gran trabajo de comenzar alguna conversación para distraerme y esto siempre me ayudaba a tranquilizarme.

La excursión de ese día fue al monte Baden Powell, uno de los picos más altos de California en la sierra de San Gabriel, que alcanzaba una altura de 2852 m (9356 ft) y había sido nombrado en honor a Robert Baden Powell, el fundador de la Organización Mundial del Movimiento Scout. Desde el inicio del sendero, se ascendía unos 850 m (2800 ft) en una caminata de cinco horas y casi 13 km (8 mi) en total. No era mi primera vez en subir el cerro, pero con ese desnivel positivo, hay cambios de altitud que hasta los senderistas más experimentados deben manejar. Al ver que mi energía comenzaba a decaer un poco, Dawn me ofreció una promesa de alivio: «Ya no falta mucho, Chris, para detenernos a descansar. ¡Tú puedes! Recuérdalo».

Yo hacía mi mejor esfuerzo por tomar a pecho sus palabras de ánimo y no podía sino apreciar las frases que usó para mantenerme avanzando. «¡Tú puedes!» es la forma universal de decirle a un compañero senderista que todo estará bien, que podemos lograrlo y que, a pesar de todo el dolor y el sufrimiento que pudiera estar experimentando, llegar a la cima valdría la pena.

Después de haber hecho cumbre en tantos otros cerros, lo creía por completo, pero ese día, en ese punto específico del sendero, comenzaba a tener dudas. No podía evitar enfocarme más en no morir que en alcanzar la cima. Entre el calor excesivo, los calambres en las piernas, los cambios de altitud y la ansiedad ante la posibilidad de encontrar una serpiente, yo solo quería detenerme y llamar a Nick para que enviara un helicóptero de rescate que me llevara a un lugar seguro.

Hasta este día, no estoy segura exactamente de qué sucedió a continuación, pero por poco sí requerí el equipo de rescate. Unos pocos minutos después, una persona que descendía nos alertó de que había visto una serpiente de cascabel cruzando el camino en la siguiente curva. Lo más probable es que la serpiente estuviera ya lejos para cuando llegáramos a la curva, pero mi imaginación se apoderó de mí. Sentí tanto terror ante la idea de encontrármela que comencé a orar en voz alta y a correr para atravesar esa sección del camino. En el siguiente instante, me golpeé con uno de mis propios bastones en la pierna, me lastimé el brazo, me desgarré la pantorrilla y me caí al suelo. ¿Quién necesita la amenaza de una serpiente cuando tienes habilidades como las mías? Para el momento en que caí al suelo, estaba cubierta de rasguños y totalmente aturdida, por dentro y por fuera. Recuerdo agarrar primero mi brazo lastimado, pero por causa del dolor punzante en mi pantorrilla, pronto comencé más bien a preocuparme por mi pierna y a hacer todo lo que sabía para relajar mi músculo para poder continuar con la caminata. Cuando el músculo no se relajó, pensé de verdad que no podría bajar del cerro. Avergonzada, exhausta y enojada conmigo misma (y con la serpiente) intenté tranquilizarme. Me había provocado todo esto por la amenaza *percibida* de una serpiente, no por la realidad de una serpiente, y mi ego me dolía tanto como el resto de mi cuerpo.

Dawn llegó rápidamente y comenzó a evaluar mis heridas. Al ver mi situación, algunos senderistas más que nos habían estado siguiendo se detuvieron para ayudarme. Junto con Dawn, comenzaron a sacar suministros de sus mochilas: suplementos, barras de energía, vendajes de compresión y más hidratación. Sabían exactamente lo que mi pantorrilla estaba haciendo y también cómo ayudarme. Esto me encanta de la comunidad de senderistas. Todos son amables, generosos y se apoyan entre sí porque todos saben que pueden ser los siguientes en quedarse sin agua, en lastimarse o en caerse. Agradecida, recibí todos sus consejos y, poco a poco, mi pantorrilla comenzó a relajarse. Cuando todos sentimos que sí estaría bien y que podría regresar viva del cerro (y por mis propias fuerzas) comenzaron a recoger sus mochilas para subir por el sendero. Yo no pude resistirme a sonreír cuando cada uno de los que pasaban me ofrecía un saludo con el puño y me decía: «¡Tú puedes!».

Desde que Dawn comenzó a invitarme a excursiones al inicio de 2020, fue diligente para enseñarme todo lo que sabía sobre el senderismo. Me enseñó información fundamental como que, cuando bajas por un sendero angosto, siempre debes ceder el paso a los que suben, porque ellos tienen el derecho de vía. Me enseñó también los nombres de diferentes tipos de senderos; por ejemplo, cuando un camino avanza y retrocede en ángulos entrantes y salientes por la ladera de una montaña, se denomina camino en zigzag. Incluso en los días previos a una excursión, me daba información invaluable para prepararme. A menudo me recordaba por mensaje cuándo hacer ejercicio y cuándo descansar, qué comer y cuándo hacerlo, qué suplementos tomar para aliviar algún mal de altura y llegar hasta el final. De todos los consejos que me dio, el mejor fue que, si vas a una excursión larga, nunca debes hacerlo solo; siempre debes tener un compañero de excursión. «Nunca sabes qué puede suceder en el sendero —me dijo— y llevar a alguien contigo puede marcar la diferencia de llegar a la cima y regresar de forma segura».

Este consejo probó ser verdadero en incontables ocasiones, incluyendo ese día cuando me estresé por el posible encuentro con una serpiente de cascabel.

—¿Crees que estás lista para seguir? —preguntó Dawn.

—Sí, ¡hagámoslo! —dije, con mucho más entusiasmo del que sentía.

Después de ayudar a levantarme, Dawn tomó la delantera una vez más. Aunque mantuve el ritmo, terminé cojeando la mayor parte del día para manejar mi dolor. Sencillamente nunca lo habría logrado si no hubiera sido por Dawn. Al verla golpear los arbustos como siempre, pensé en que nunca debemos aventurarnos solos, ni cuando hacemos senderismo, ni cuando caminamos por la vida. La Escritura dice: «Más valen dos que uno, porque obtienen más fruto de su esfuerzo. Si caen, el uno levanta al otro. ¡Ay del que cae y no tiene quien lo levante!».[1]

Si queremos seguir avanzando hacia todos los planes y propósitos que Dios tiene para nosotros, no podemos hacerlo solos. No podemos hacer por nuestra cuenta lo que Dios nos ha llamado a hacer. Y, sin embargo, por una u otra razón, a menudo intentamos hacerlo, ¿no es así? Parece que, arraigado en nuestra alma, está el deseo de ser independientes, de probar que podemos salir adelante solos en la vida, pero Dios no nos diseñó para operar de esta manera. Él nos colocó en un cuerpo y nos exhortó a llevar los unos las cargas de los otros,[2] a suplir las necesidades esenciales de los demás,[3] a advertirnos del pecado entre nosotros[4] y a regocijarnos y a llorar con los demás.[5] No podemos hacer ninguna de estas cosas si no participamos en la vida de los demás ni nos apoyamos mutuamente. Las buenas amistades y las relaciones fuertes son componentes cruciales que nos ayudan a seguir avanzando en la vida.

LOS AMIGOS SON EL PLAN DE DIOS

Dawn y yo hemos sido compañeras de excursión desde hace pocos años, pero hemos sido buenas amigas durante casi veinticinco años, desde que emprendí uno de mis primeros viajes ministeriales a Estados Unidos, cuando aún vivía en Australia. Nos conocimos después de que la iglesia donde ella servía como pastora de jóvenes me invitara a predicar. Nos llevamos solo unos meses de edad y ambas tenemos una gran pasión por la siguiente generación, por lo que congeniamos enseguida. A lo largo de los años, cada vez que me pedían que predicara en su iglesia, tomábamos un café, nos poníamos al día respecto a nuestra vida y a menudo compartíamos lo que

> Las buenas amistades y las relaciones fuertes son componentes cruciales que nos ayudan a seguir avanzando en la vida.

Dios estaba haciendo y la forma en que estábamos sobrellevando todo lo que la vida nos ponía delante. Éramos mujeres en ministerios de primera línea, algo que no era tan común hace veinticinco años como hoy. Estoy agradecida por la forma en que han cambiado las cosas desde entonces, pero en el inicio de nuestro ministerio no teníamos demasiados modelos a seguir, con quienes dialogar ni de quienes aprender, de modo que aprendíamos una de la otra. Cuando nos juntábamos, conversábamos sobre cómo era estar soltera en el ministerio, ya que Dawn era soltera y yo había pasado una gran parte de mis años veintes soltera mientras viajaba y hablaba a los jóvenes. Hablamos sobre cómo manejar nuestro rol de liderazgo en lugares donde la mayoría de los líderes eran hombres y cómo cumplir con todo lo que Dios nos había llamado a hacer. Por supuesto, hablábamos también sobre todo lo que hay debajo del sol, pero tener alguien con quien compartir sobre nuestro llamado significaba mucho para nosotras.

Aunque yo ya estaba casada y luego tuve dos hijas, Dawn se quedó soltera con dos perros. Yo sabía que ella quería casarse (y sigue queriendo hacerlo), pero no pondría su vida y su llamado en espera hasta que llegara ese día. En cambio, escogió ser obediente a Dios y confiarle su futuro relacional mientras seguía avanzando. En lugar de atascarse en la decepción o mirar atrás a las muchas bodas a las que había asistido, siguió perseverando en la vida y llenándola de propósito. Edificó buenas amistades, se dedicó a correr y al senderismo, compró una casa, fue a la maestría y siguió trabajando en nuevas posiciones en el ministerio. Ella perseveró, pues sabía que su plenitud estaba en Cristo y que Él tenía un buen plan y propósito para ella.

Hoy, Dawn y yo no solo salimos juntas de excursión, sino que también ahora es la directora ejecutiva de nuestro ministerio Equip & Empower [Equipar y empoderar]. De manera que no solo somos amigas, sino también colegas de trabajo, y en el ministerio somos «comadres» que avanzan hacia un futuro lleno de lo que Dios quiere hacer en nosotras y por medio de nosotras. Incluso a mi edad (en especial a mi edad), no deseo enfrentar esta vida sola. En mi segunda mitad de la vida y del ministerio, quiero correr con todas mis ganas junto a personas que corren con todas sus ganas hacia Jesús. Necesito aliento. Necesito inspiración. Necesito rendición de cuentas. Y necesito personas que me entiendan… y Dawn definitivamente es una de esas amigas.

DIOS JUNTA A LAS PERSONAS

Estoy agradecida por la forma en que Dios junta a las personas para gloria de Él y para beneficio mutuo de ellas. De hecho, es algo que vemos en toda la Biblia. Historia tras historia, vemos a personas que son familiares, conocidos, de diferentes generaciones y que terminan juntas por causa de la misión. Y lo que encontramos es que, al aliarse entre sí, al hacerse amigos entre sí, son cuidados, rescatados, librados y juntos cumplen su misión en esta tierra. Al perseverar en su amistad, continúan avanzando en instancias donde les habría sido imposible hacerlo solos.

¿Recuerdas la historia en la Biblia donde Aarón y Hur sostuvieron los brazos de Moisés cuando este ya no tenía fuerzas para hacerlo por sí mismo? Los amalecitas habían atacado a Israel y, mientras Josué peleaba en el campo, Moisés peleaba desde lo alto de una colina.

> Y sucedía que mientras Moisés tenía en alto su mano, Israel prevalecía; y cuando dejaba caer la mano, prevalecía Amalec. Pero las manos de Moisés se le cansaban. Entonces tomaron una piedra y la pusieron debajo de él, y se sentó en ella. Y Aarón y Hur le sostenían las manos, uno de un lado y otro del otro. Así estuvieron sus manos firmes hasta que se puso el sol. Josué deshizo a Amalec y a su pueblo a filo de espada.[6]

Lo que ninguno de ellos pudo haber logrado por separado, lo lograron juntos. Ganaron la batalla al ser mejores juntos.

Considera la relación entre Josué y Caleb. Cuando Moisés escogió un líder de cada tribu para salir y espiar la tierra prometida, estos dos varones fueron los únicos que regresaron con un reporte positivo. Cuando el pueblo escogió creer a los otros diez espías y volverse en contra de Josué y de Caleb, Moisés intervino y, años más tarde, se convirtieron en los únicos dos de su generación en entrar a la tierra prometida. A través de las circunstancias que Dios dirigió, pasaron de ser esclavos a espías y, finalmente, a colaboradores que ingresaron a la nación de Canaán.

Noemí y Rut fueron otro par que Dios juntó. Aunque comenzaron como suegra y nuera que habían quedado viudas, llegaron a ser compañeras de vida. Cuando Noemí le pidió a Rut y a su otra nuera que se quedaran en su tierra y encontraran otro marido, Rut le respondió: «No insistas en que te deje o que deje de seguirte; porque adonde tú vayas, yo iré, y donde tú mores, moraré. Tu pueblo será mi pueblo, y tu Dios mi Dios».[7] Gracias a la lealtad de Rut, la aventura de ambas las llevó juntas a un futuro asegurado. Si recuerdas su amistad, entonces sabrás que Rut terminó casándose con Booz, pero ella nunca abandonó a Noemí. Y, cuando ella y Booz tuvieron un hijo, fue Noemí quien lo cuidó.[8]

Probablemente, uno de los dúos más famosos de la Biblia es David y Jonatán. Desde el momento en que se conocieron, después que David matara al gigante Goliat y fuera presentado ante el padre de Jonatán, el rey Saúl, estos dos se unieron como amigos y hermanos. «Cuando David acabó de hablar con Saúl, el alma de Jonatán quedó ligada al alma de David, y Jonatán lo amó como a sí mismo».[9] Durante los años siguientes, Jonatán salvó la vida de David, no una, sino dos veces. Cuando diseñaron un plan para salvarle la vida por segunda vez a David, este implicó que David huyera y que Jonatán se quedara con el rey Saúl. La Escritura nos dice que lloraron juntos, aunque David lloró más.[10] A pesar de que Jonatán era el heredero al trono, él no se aferró a su posición, sino que sacrificó sus derechos y su herencia para apoyar el llamado y la unción de David por parte de Dios. Gracias a su fiel amistad, David logró concretar su unción como rey y esto aseguró el linaje de Jesús.

Es claro que Dios une a las personas a propósito con un propósito. Después de la transformación de Pablo y del inicio de su ministerio en el evangelio por todo el mundo conocido, la Escritura menciona aproximadamente cuarenta hombres y mujeres que viajaron con él, compartieron vida con él, comieron con él y lo apoyaron económicamente.[11] Pablo mencionó a muchos de ellos por nombre en sus escritos.[12] Él nunca intentó hacerlo solo. Entre otros, conocemos a Febe, Bernabé, Juan Marcos, María, Onésimo, Silas, Lidia, Urbano, Priscila, Aquila y Filemón.[13] Timoteo se convirtió en su pupilo y, luego, en su colega. Cuando Pablo escribió a los filipenses, afirmó:

> Pero espero en el Señor Jesús enviarles pronto a Timoteo, a fin de que yo también sea alentado al saber de la condición de ustedes. Pues a nadie más tengo del mismo sentir y que esté sinceramente interesado en el bienestar de ustedes. Porque todos buscan sus propios intereses, no los de Cristo Jesús. Pero ustedes conocen los probados méritos de Timoteo, que sirvió conmigo en la propagación del evangelio como un hijo sirve a su padre.[14]

JESÚS NOS HA LLAMADO SUS AMIGOS

Aun cuando Jesús caminó sobre esta tierra, no lo hizo solo. Dios lo puso con los apóstoles y con el resto de sus discípulos y, cuando envió a sus discípulos en misión, lo hizo de dos en dos.[15] dentro del grupo de apóstoles, se formó un círculo íntimo: Pedro, Jacobo y Juan.[16] Y, en ese círculo, Juan se describió a sí mismo como «el que Jesús amaba».[17] Juan mismo recibió el encargo de parte de Jesús, poco antes de su último aliento, de cuidar de María, su madre.[18]

Fuera del círculo íntimo, hubo hombres y mujeres que sostuvieron el ministerio de Jesús por sus propios medios y que viajaron con Él.[19] Estaban los apóstoles y amigos como Mateo, Judas, María, su madre, María Magdalena, Juana y Susana.[20] Jesús mismo caminó junto con estas personas que se convirtieron en sus amigos y pasó tiempo con ellos para llegar a conocerlos y entenderlos.[21] Compartió comidas con ellos y disfrutó de su compañía.[22]

Jesús tuvo una relación especialmente cercana con María, Marta y Lázaro, tanto así que la Escritura nos dice que Jesús los amaba.[23] Es interesante que, antes de que Jesús levantara a Lázaro de entre los muertos, tanto María como Marta le dijeron, en dos ocasiones diferentes: «Señor, si hubieras estado aquí, mi hermano no habría muerto».[24]

¿Puedes imaginarlo? Ambas estaban en luto y su corazón estaba roto, pero cuán liberador debió de haber sido para ellas sentir que Jesús era lo suficientemente cercano a ellas como para ser honestas, expresar su dolor y poner todas sus cartas sobre la mesa.[25] En medio de todos sus sufrimientos, siguieron confiando en Jesús.

Qué gran ilustración para nosotros la forma en que podemos acudir a Jesús y ser igual de honestos y, al mismo tiempo, poner toda nuestra confianza en Él, en especial porque entendemos que Jesús no es solo nuestro Salvador, sino también nuestro amigo. ¿Alguna vez habías pensado en eso? ¿Has considerado a Jesús tu amigo? ¿Te das cuenta de que Él nos llamó a cada uno de nosotros sus amigos?

Una vez, Jesús afirmó, en medio de una explicación de nuestra relación con Él:

Nadie tiene un amor mayor que este: que uno dé su vida por sus amigos. Ustedes son Mis amigos si hacen lo que Yo

146

les mando. Ya no los llamo siervos, porque el siervo no sabe lo que hace su señor; pero los he llamado amigos, porque les he dado a conocer todo lo que he oído de Mi Padre. Ustedes no me escogieron a Mí, sino que Yo los escogí a ustedes.[26]

Jesús nos escogió para ser sus amigos. Medita en eso. Aunque le dijimos que sí a Jesús, Él nos escogió antes de que nosotros lo escogiéramos a Él. Si queremos que nuestra amistad con Él siga creciendo, debemos hacer con Él lo que haríamos con nuestros otros amigos: hablar, escuchar y conocerlo más. Podemos hacer esto cuando pasamos tiempo con Jesús y lo escuchamos compartir su corazón en la Palabra y por el Espíritu. Lo hacemos al compartirle lo que está en nuestro corazón y al escucharlo en oración. Nuestra amistad con Jesús sigue creciendo cuando lo servimos para que su misión se cumpla en este mundo.

Con los años, he observado que, muchas veces, las personas comienzan su amistad con Jesús con el pie derecho; invierten tiempo en la relación y en actividades para sustentarla. Sin embargo, con el tiempo, se deslizan hacia la autodependencia y dejan de buscarlo en lo secreto. No obstante, Jesús nos dijo: «Yo soy la vid, ustedes los sarmientos; el que permanece en Mí y Yo en él, ese da mucho fruto, porque separados de Mí nada pueden hacer».[27]

No hay mejor amigo que Jesús y no hay amistad más preciosa que con Él. Sí, necesitamos amistades aquí en la tierra. Debemos querer ser buenos amigos y debemos buscar grandes amistades, pero, sobre todo, busquemos ser grandes amigos de Aquel que hizo el mayor sacrificio de todos para salvarnos, redimirnos y reconciliarnos con Dios.

ENCUENTRA PERSONAS QUE TE FORTALEZCAN

¿Quiénes son tus amigos? ¿Quiénes son los que corren junto a ti, los que te exhortan a seguir avanzando, a perseverar en la misión, los que te ayudan a no mirar atrás cuando esto es lo único que deseas? ¿Quién te recuerda lo que todos debemos escuchar de cuándo en cuándo: «¡Acuérdate de la mujer de Lot!»? ¿No sería genial si todos nos dijéramos eso cada vez que comenzamos a ver que el otro mira atrás porque sabemos que mirar atrás a menudo nos conduce a atascarnos y atascarnos nos impide seguir avanzando hacia los planes y los propósitos que Dios tiene para nosotros? Todos necesitamos amigos que nos impartan vida, que nos adviertan cuando comenzamos a descarriarnos de Dios, incluso cuando esta no es nuestra intención. Necesitamos amigos que nos digan la verdad, aun cuando es difícil escucharla.[28] Necesitamos verdaderos amigos que nos amen de forma incondicional y que de verdad quieran lo mejor para nosotros,[29] amigos que nos inspiren y nos hagan mejores de todas las formas. La Escritura nos dice: «El hierro con hierro se afila, y un hombre aguza a otro».[30] Además, queremos ser este tipo de amigo, ¿no es cierto?

Necesitamos amigos que nos alienten como el escritor a los hebreos exhortó:

Consideremos cómo estimularnos unos a otros al amor
y a las buenas obras, no dejando de congregarnos, como
algunos tienen por costumbre, sino exhortándonos unos a
otros, y mucho más al ver que el día se acerca.[31]

Necesitamos amigos que sepan cómo orar y que oren
con nosotros, que nos ayuden a entrar a la presencia de Jesús
cuando no podemos encontrar cómo hacerlo por nuestra
cuenta. Hay una historia en el Evangelio de Marcos que me
deja esto clarísimo. Jesús estaba hablando en una casa llena
de personas y afuera había un hombre paralítico que necesitaba ser sanado. A causa de la multitud, era imposible que sus
cuatro amigos lo metieran por la puerta, así que lo alzaron
al techo, abrieron un agujero y lo hicieron descender hasta la
presencia de Jesús. ¿Puedes imaginarte eso?

Entonces vinieron [sus amigos] y le trajeron [a Jesús] un
paralítico llevado entre cuatro hombres. Como no pudieron acercarse a Jesús a causa de la multitud, levantaron el
techo encima de donde Él estaba; y cuando habían hecho
una abertura, bajaron la camilla en que estaba acostado
el paralítico. Viendo Jesús la fe de ellos, dijo al paralítico:
«Hijo, tus pecados te son perdonados» [...] «A ti te digo:
levántate, toma tu camilla y vete a tu casa». Y él se levantó,
y tomando al instante la camilla, salió a la vista de todos,
de manera que todos estaban asombrados, y glorificaban a
Dios, diciendo: «Jamás hemos visto cosa semejante».[32]

Imaginemos todo esto sucediendo. Los amigos de este

hombre debieron haber sido fuertes, determinados e innovadores. Cuando leo esta historia, pienso en todas las veces en mi vida cuando probablemente mis amigos sintieron que yo era un peso muerto. Ocasiones cuando me atasqué y no podía encontrar la forma de avanzar por mi cuenta. Situaciones cuando necesité que me cargaran o que oraran por mí porque no estaba segura de qué pedir en oración.

En estos momentos, necesitaba amigos piadosos y fieles que me dijeran qué hacer porque yo no estaba segura de qué paso tomar. En mi experiencia, todos necesitamos amigos que sepan cómo usar la fortaleza de Jesús para ayudarnos. Necesitamos personas que sean lo suficientemente fuertes espiritualmente hablando para levantarnos y cargarnos cuando no podemos movernos. Necesitamos personas que puedan llevarnos a la presencia de Jesús.

Además, puedo notar lo que Jesús dijo cuando sanó al hombre: «Viendo Jesús la fe de ellos, dijo al paralítico [...]: "A ti te digo: levántate, toma tu camilla y vete a tu casa"». Jesús vio la fe de los amigos de este hombre. A veces necesitamos que la fe de nuestros amigos nos ayude a avanzar en la vida, a movernos del lugar donde estamos atascados al lugar adonde Dios quiere que vayamos.

- De la debilidad a la fortaleza.
- De la desesperación a la esperanza.
- Del caos a la paz.
- Del camino equivocado al correcto.
- De la confusión a la claridad.
- De la indiferencia a la pasión.

- De la distracción a la concentración.
- Del dolor a la felicidad.
- De la decepción al gozo.
- Del sentimiento de querer darnos por vencidos al de querer avanzar.
- De no tener una respuesta a tener un plan.

Necesitamos que nuestros amigos se levanten a nuestro lado, corran con nosotros y crean con nosotros mientras sorteamos los cambios, avanzamos hacia nuevas aventuras y hacemos cosas que nunca creímos ser capaces de hacer. A veces pienso que nuestros amigos nos conocen mejor de lo que nos conocemos a nosotros mismos. Tal vez por eso, a menudo, creen en nosotros más que nosotros mismos.

FUIMOS CREADOS PARA UNA COMUNIDAD

Fuimos diseñados para vivir la vida juntos y en comunidad. En su libro *Find Your People* [Encuentra a tu gente], mi amiga Jennie Allen escribió que «Dios existía en una relación consigo mismo desde antes de que nosotros llegáramos. Esto se llama la Trinidad. Dios es uno y Dios es tres [...]. Por toda la eternidad, Dios ha existido en una relación como Padre, Espíritu e Hijo (Jesús)».[33] Esto significa que Dios ha sido relacional desde siempre[34] y que, al crearnos a su imagen,[35] nos creó a partir de una relación y para una relación.[36]

Sin amigos en nuestra vida, tendemos a vivir en aislamiento social y no en comunidad... y eso no es bueno. En nuestro mundo postpandemia, muchos hemos regresado a la «normalidad», pero de algunas formas, es posible seguir aislados y no darnos cuenta de ello. Imagino que nos hemos acostumbrado a trabajar desde casa o a no reunirnos en persona para cenar con tanta frecuencia como antes. Con una gran parte de mi equipo, he trabajado de forma remota durante muchos años porque estamos en muchas partes del mundo y sé cuán aislante puede ser esto. Ver a las personas por Zoom es genial, pero edificar relaciones de esa manera puede ser retador. Las relaciones, ya sea con colegas o con amigos, se forman y se mantienen mejor en persona.

Entiendo que todos necesitamos y queremos nuestro propio espacio y, según nuestra personalidad, algunos necesitamos estar a solas más seguido, pero aun así la gente seguirá siendo nuestra fuente más grande de consuelo. Seguir a nuestros amigos en las redes sociales puede hacer que pensemos que tenemos una relación con ellos, pero si el único lugar en el que nos conectamos es en las redes sociales, entonces estas relaciones son virtuales y, por lo tanto, no son reales. Por ejemplo, nuestra cuenta de redes sociales puede decir que tenemos quinientos amigos y puede ser que hasta logremos que los quinientos nos regalen un «Me gusta», pero solo cuando corremos junto a personas reales en la vida real que van en la misma dirección que nosotros podemos obtener amistades genuinas. Tal vez es momento de contactar a uno de esos amigos virtuales e invitarlo a tomar una taza de café.

Entiendo los riesgos que esta idea implica. Cuando dejamos que las personas se acerquen para ayudarnos, corremos el riesgo de lastimarnos o de lastimarlos a ellos. Corremos el riesgo de ser malentendidos, malinterpretados o traicionados. Yo me he encontrado en esa situación más de una vez. Sé lo que se siente ser horriblemente traicionado y nunca más volver a dejar que nadie más se acerque. Si te ha sucedido esto, entonces conoces bien el sentimiento y deseo de no volver a ser lastimado jamás. Sin embargo, allí es cuando necesitamos que el Espíritu Santo nos sane y, si es necesario, debemos buscar consejería. No es bueno permitir que el dolor de las relaciones anteriores limite el potencial de las presentes ni de las futuras. No es bueno que nuestras malas experiencias pasadas controlen el valor que, para Dios, tienen los amigos. No es bueno quedarnos atascados en un lugar donde mantenemos a la gente a distancia por miedo a ser lastimados. En cambio, debemos procesar y llorar plenamente nuestra pérdida y seguir avanzando.

> No es bueno permitir que el dolor de las relaciones anteriores limite el potencial de las presentes ni de las futuras.

He llegado a entender que algunos amigos están durante un tiempo; llegan y se van y eso está bien. He aprendido que hay cambios en la vida y, por eso, puede haber amistades que se distancian de forma natural. Eso no necesariamente significa que perdemos la amistad para siempre, pero sí que puede cambiar a un lugar diferente en nuestra vida. Además, mientras más cambian nuestros intereses, también lo hace nuestro círculo de amigos. Las personas con las que corrimos al inicio de nuestra vida, durante nuestros años escolares o al principio de nuestra etapa laboral no necesariamente son los mismos amigos cercanos de años más tarde. Las personas con las que trabajamos en algún lugar pueden convertirse en amistades de por vida... o podemos terminar perdiendo la comunicación con ellos. A medida que nuestros hijos crecen y pasan por la escuela, podemos llegar a ser amigos de otros padres, pero cuando se gradúan, podemos sentir que también nos hemos graduado. Reconocemos que llegamos a la vida de los demás porque nuestros hijos compartían un interés o deporte en especial, pero esas amistades no se suponía que fueran para siempre.

También he descubierto que podemos tener amigos que pensamos que están avanzando en la misma dirección que nosotros, solo para darnos cuenta después de que en realidad van hacia objetivos completamente diferentes. Puede no ser intencional, pero las diferencias en opiniones importantes para nosotros pueden separarnos.

Sin importar las razones por las que podamos perder un amigo o dos, hay ocasiones en las que debemos encontrar nuevos amigos. No es bueno terminar «atascados» en relaciones, aferrados a amistades que ya no crecen, pero que hemos tenido durante mucho tiempo. Es bueno reconocer que las nuevas temporadas a menudo significan nuevos amigos. Si te encuentras en esta situación, comienza a orar para que Dios te ayude a encontrar el tipo de amigos que necesitas, el tipo de amigos con quienes tengas cosas en común.

Pídele que te ayude a encontrar un amigo que...

- sea más unido que un hermano (Pr 18:24);
- ame en todo tiempo (Pr 17:17);

- tenga un carácter piadoso (1 Co 15:33);
- sea rápido en perdonar (Col 3:13);
- sea misericordioso (Ef 4:32);
- no juzgue (Stg 4:11);
- te ayude a llevar tus cargas (Gá 6:2);
- enfrente y resuelva los malentendidos (Col 3:12-14);
- sea fiel (Pr 25:13; Lc 11:5-8);
- sepa guardar secretos (Pr 16:28; 17:9);
- sea sabio (Pr 13:20);
- te aliente y te edifique (1 Ts 5:11).

A cambio, haz tu mejor esfuerzo por seguir creciendo en Jesús y por desarrollar esas mismas cualidades. Sé el amigo que esperarías encontrar; empieza allí, pero no te detengas allí. Haz todo lo que sea práctico por encontrar a tu nuevo amigo. Está presente, ábrete a los demás, toma la iniciativa y ve a los lugares en donde sea más probable que encuentres gente compatible (aunque no necesariamente igual a ti). A menudo, Dios nos fortalece mediante personas a nuestro alrededor que nos complementan, no que son idénticas a nosotros. Algunos lugares donde encontrar grandes amigos incluyen la iglesia y todas las oportunidades de compañerismo que esta ofrece. Puede incluir unirte a un grupo, a un gimnasio o como voluntario en una organización, comenzar un nuevo pasatiempo o una clase de algo que disfrutas. Dios es un Dios de gracia abundante y una de las gracias más sublimes que nos da son los amigos que nos mantienen avanzando hacia los propósitos de nuestro Señor.

Acuérdense de la mujer de Lot ●━━━━━●

Cuando leemos sobre la mujer de Lot, no encontramos a amigos suyos que la animaran a seguir a Dios. ¡Imagina la diferencia que eso pudiera haber marcado al momento en que miró atrás! Dios quiere que seamos personas que nos animemos mutuamente.

1. En oración, reflexiona sobre tus amistades. ¿Qué fortalezas ves en tus amistades? ¿Cómo puedes ser un mejor amigo? ¿Hay amistades en las que sientes que Dios te está guiando a invertir o de las que debes alejarte?

2. La amistad más importante es nuestra amistad con Jesús. Toma un tiempo para orar y pregúntale: *Dios, ¿qué tipo de amigo soy para ti?* ¿Hay cambios que necesitas hacer en el tiempo que pasas con Él y en la forma en la que empleas ese tiempo?

TERCERA PARTE

Las recompensas
de avanzar

OCHO

Levántate y avanza: Las cosas cambian cuando nosotros cambiamos

Al tomar mi lugar en el podio, me detuve un momento y noté que en la audiencia estaba el secretario de gobernación de México, un representante de la oficina de las Naciones Unidas contra la droga y el delito, el presidente del consejo de seguridad ciudadana de la comisión intersecretarial y líderes de varias ONG.

No podía creer que en verdad estuviera sucediendo.

Estaba en Ciudad de México en representación de A21 para el lanzamiento de «¿Puedes verme?», nuestra campaña mediática global de sensibilización sobre los peligros de la trata de personas. Al estar allí de pie, tuve la sensación de estar viendo la realización de un sueño. Quería capturar ese momento, abrazarlo y agradecerle a Dios por él, porque llevábamos trabajando para este día durante años.

Desde que nuestro equipo utilizó un iPhone para filmar nuestro primer video de «¿Puedes verme?», soñamos con una campaña que alcanzara a todos los continentes y naciones donde servimos. A lo largo de los años ha evolucionado desde ideas, experimentos y pruebas piloto hasta convertirse en un mensaje universal que puede verse en kioscos en aeropuertos, en sobreimpresiones en los lados de autobuses y en vallas publicitarias en la autopista. La campaña llegó a incluir comerciales y cortometrajes creados con la intención de ser relevantes en el contexto de alguna región o nación en la que trabajamos, de manera que aparezcan en la televisión, en estadios antes de un partido, en hospitales, en centros comerciales, en oficinas corporativas, en *spas*, en restaurantes, en aeropuertos y en aviones. Los materiales impresos de la campaña buscan llegar a los puntos más vulnerables del mundo, donde la gente está siendo desplazada por causa de la guerra o de desastres naturales y, a menudo, terminan en campos para refugiados durante días, semanas, meses o años. En verdad, es un esfuerzo titánico por ayudar a que todos formen parte de la lucha contra la trata de personas. Y ahora, estábamos aquí, lanzando la campaña, no solo en México, sino también en toda Latinoamérica.

Este momento surreal sucedió en gran parte gracias a una joven mexicana que me escuchó hablar sobre las injusticias de la trata de personas en una conferencia en Londres siete años antes. Solo Dios pudo haber dispuesto los eventos de aquel día que condujeron a los de este día. Angie, que tenía una maestría en Ingeniería en Datos y Estadística, reaccionó cuando comencé a compartir las terribles estadísticas de la trata de

LEVÁNTATE Y AVANZA: LAS COSAS CAMBIAN CUANDO...

personas a nivel global. Por primera vez, se dio cuenta de que este era un problema real en su propio país y de que no podía relajarse y fingir que no lo sabía. Ahora que conocía algo sobre la trata de personas, tenía que hacer algo para ayudar a combatirla desde su propia trinchera.

Al regresar a casa, después de la conferencia, quiso contactar a la oficina de A21 en México, solo para descubrir que todavía no teníamos una oficina ni un equipo allí. No obstante, no permitió que esto detuviera su interés y contactó a nuestro equipo en California, que con gusto la asistió. Con los recursos que le ofrecimos, comenzó a aprender sobre la trata de personas y en 2014 organizó la primera marcha «Caminando por la libertad» en México, reuniendo a unas 200 personas. Y no se detuvo allí.

En el 2015 fue facilitadora en seis marchas en México y en Bolivia, con cientos de personas que marcharon por la libertad. Para 2016, hubo ya treinta marchas en ocho países latinoamericanos. Para 2017, hubo cuarenta marchas en once países. Muchas personas se estaban conectando y uniéndose a la lucha contra la trata de personas desde México, Guatemala, Colombia, Ecuador, Bolivia, Perú, Argentina, Paraguay, Trinidad y Tobago, Chile, Venezuela, Uruguay y Brasil.

El número de marchas siguió creciendo conforme avanzaban los años, así como el número de países donde ocurrían estas marchas, y todo esto sucedió porque una joven decidió hacer algo, aun cuando no estaba segura de qué podría ser ese algo. Lo que más me sorprende es que Angie no se quedó atascada al ver todo lo que no podía hacer, aunque habría sido perfectamente razonable. En cambio, encontró una cosa que sí podía hacer y esto la llevó a la siguiente y, luego, a la siguiente. Gracias a que no regresó a su vida normal después de volver de Londres, sino que decidió levantarse y hacer lo que podía con lo que tenía en el lugar donde estaba, a pesar de todo lo que tenía en contra, aquí estábamos por lanzar una campaña que alcanzaría literalmente a cientos de millones de personas en Latinoamérica. ¿Cómo no esforzarme por asimilarlo todo?

DECIDE LEVANTARTE

Ese día, terminé mis palabras y lanzamos la campaña, pero nunca olvidaré lo que Angie hizo, porque todos debemos hacerlo en algún punto de nuestra vida, en especial si queremos dejar de mirar atrás y comenzar a avanzar: debemos decidir levantarnos. Debemos ser intencionales en nuestra decisión de levantarnos y de avanzar en fe y valentía. Ya sea que queramos marcar una diferencia en nuestra propia vida, en nuestra familia, en nuestro trabajo, en nuestra comunidad, en nuestra iglesia o mediante una organización como A21, tenemos que levantarnos de donde estamos, usar lo que tenemos y hacer lo que podamos. Por mi propia experiencia, entiendo que es más fácil decir esto que hacerlo, pero no podemos permitir que esto nos detenga.

Cuando pienso en todo lo que Angie ha logrado por la labor de A21 en su zona del mundo, veo a una joven en una larga lista de mujeres que se han levantado en la historia y ayudado a cambiar la trayectoria de una nación. En la Biblia, encontramos a una mujer en especial cuya valentía y fortaleza me inspiran. En el libro de Jueces, leemos sobre Débora, una mujer que sirvió como juez en Israel durante un tiempo, bajo la opresión de los cananeos. Después de veinte años de esclavitud, los israelitas estaban demasiado abatidos como para pelear. Necesitaban inspiración. Necesitaban liderazgo. Necesitaban que alguien se levantara y tomara acción... y Débora lo hizo.

En la Escritura, Débora proclamó: «Se habían terminado los campesinos, se habían terminado en Israel, hasta que yo, Débora, me levanté, hasta que me levanté, como madre en Israel».[1] Por todo el relato y por este versículo, sabemos que Débora no se quedó inmóvil, ni tampoco dejó que la nación de Israel se quedara inmóvil. Se levantó, movilizó un ejército, los dirigió a la batalla y, por su fe en Dios, no se amedrentó. Gracias a la valentía de Débora, los israelitas pelearon y obtuvieron la victoria. Gracias a que Débora se levantó, el pueblo de Israel aseguró cuarenta años de paz.

Al meditar en su historia, me doy cuenta de que una sola persona puede alterar el destino de tantas. Además, es algo que todos podemos hacer en el lugar donde vivimos. En hebreo, la palabra «levantarse», de la manera en que Débora la usó, significa: «ponerse de pie, lograr, comenzar a existir».[2] En el *Diccionario de la Real Academia Española*, «levantarse» significa: «poner derecha o en posición vertical la persona o cosa que esté inclinada, tendida».[3] Es un cambio de postura que puede ser externa o interna, porque un cambio de postura no solo describe la posición de nuestro cuerpo físico, sino también puede referirse a nuestra actitud o mentalidad.[4] Piensa en cuántas veces hemos tenido que levantarnos en el interior y cambiar nuestra actitud mental, emocional o espiritual para poder avanzar físicamente. No tengo manera de saber qué pasó por la mente de Débora antes de levantarse, pero, si hubiera estado en sus zapatos, me habría tenido que levantar en el interior antes de poder hacerlo en el exterior. Habría tenido que cambiar mi postura interna antes de poder cambiar mi postura externa. Lo más probable es que haya tenido que acudir al Señor en oración y, seguramente, sumergirme en sus promesas, en especial al conocer al enemigo al que me enfrentaba. Imagino que tú habrías hecho lo mismo.

A causa de esto, ya sea que hablemos de nuestra postura de forma figurada, espiritual o física, es claro que tener la postura correcta es importante y que, a veces, es necesario cambiarla de forma intencional. Muchas veces, cuando me escucho diciendo a mis hijas que se sienten derechas o que levanten los hombros, es como si escuchara la voz de mi propia madre, porque ella me decía exactamente lo mismo. Me decía: «Christina, cuida tu postura. No te encorves. Siéntate derecha». Por supuesto que se refería a mi postura física y, cuando me lo recordaba, yo me frustraba muchísimo porque prefería encorvarme. Incluso cuando me explicaba por qué era necesario sentarme derecha, yo me sentía mucho más cómoda si no lo hacía. Imagino que todos nos sentimos así, porque ceder ante la gravedad es mucho más fácil que ir en contra de ella, ¿no? Es mucho más conveniente encorvar los hombros durante la comida o reclinarnos sobre el escritorio al trabajar. Y, si eres como yo, una vez que empiezo a comer o a trabajar, lo último en lo que pienso es en mi postura. Pero mamá tenía razón. Ella sabía que, mientras más edad tuviera, más me importaría, y es mucho más fácil formar hábitos cuando se es joven. Así que, al igual que mi madre, hago mi mejor esfuerzo por recordarles a mis hijas su postura, aunque he llevado esto un paso más allá.

Así como me he esforzado para recordarles a nuestras hijas de su postura física, también lo he hecho por enseñarles sobre su postura espiritual, porque esta postura es lo que determina si vivimos mirando atrás o si avanzamos intencionalmente hacia los planes y los propósitos que Dios tiene para nosotros. Si nos encorvamos, entonces, por definición, estamos doblados; nos movemos de forma lenta o renuente; relajamos nuestros músculos de forma excesiva, hasta el punto en que asumimos una curvatura poco sana de nuestra cabeza y nuestros hombros.[5] Podríamos decir que estamos mirando hacia abajo, en vez de hacia arriba; nos hemos vuelto pasivos y retroactivos cuando Dios quiere que estemos en la línea del frente de su actuar y que avancemos con Él. ¿Podrá ser que la mujer de Lot se estaba encorvando de esta manera? Ciertamente, ella no corrió por esos cerros con gusto, porque se detuvo y miró atrás... y se quedó atascada en esta posición por toda la eternidad. Ninguno de nosotros quiere eso.

Es demasiado fácil dejar de preocuparnos por nuestra postura, en especial después de los últimos años

> Nuestra postura espiritual es lo que determina si vivimos mirando atrás o si avanzamos intencionalmente hacia los planes y los propósitos que Dios tiene para nosotros.

en los que nuestro mundo cambió tan rápido y hemos tenido que mantenernos al paso y lidiar con todo lo que la pandemia nos ha puesto delante. Comenzar a encorvarnos en lo espiritual. Comenzar a movernos de forma lenta y renuente. Olvidar que estamos en una batalla espiritual, que luchamos contra principados y potestades y que tenemos una misión que cumplir y un propósito que realizar.[6] Olvidar que debemos ponernos nuestra armadura espiritual.[7] Olvidar que estamos peleando la buena batalla de la fe.[8] Dejar de mirar hacia arriba. Dejar de levantarnos. Dejar de avanzar. Volvernos perezosos. Dejar de querer ir a la iglesia, leer la Biblia, orar, servir a otros y hasta vestir para la ocasión. Tal vez esto te dé risa, pero seamos sinceros, hemos usado «ropa de oficina en casa» durante varios años ya. Incluso en las llamadas por Zoom, no estoy segura de que nuestra mitad inferior luzca tan arreglada como la superior. Todos hemos visto los memes y escuchado las bromas, pero es real. Antes de que la pandemia cambiara el mundo, había muchas cosas que tomábamos con más seriedad, incluyendo cambiarnos el pijama. Supongo que muchas de las cosas que hemos soltado no importan, pero la condición de nuestra postura espiritual siempre importará.

Entiendo que hay momentos cuando mirar atrás es más fácil que mirar hacia arriba. Que darnos por vencidos es más fácil que levantarnos. Que sentarnos es más fácil que ponernos de pie. En especial cuando hemos sido maltratados, derribados, ridiculizados, cancelados, calumniados, malentendidos, abandonados o rechazados. Cuando parece que no hay esperanza y nos sentimos indefensos. Cuando estamos temerosos y paralizados. Cuando nos hemos vuelto indiferentes y apáticos, aunque esta nunca haya sido nuestra intención.

Sin embargo, si hemos dejado de lado nuestra postura espiritual del mismo modo que nos hemos descuidado a la hora de vestirnos, entonces tal vez sea necesario preguntarnos:

- ¿Estamos mirando hacia arriba? «Corramos con paciencia la carrera que tenemos por delante, puestos los ojos en Jesús, el autor y consumador de la fe».[9]
- ¿Estamos levantándonos? «Despierta, tú que duermes, y levántate de entre los muertos, y te alumbrará Cristo».[10]
- ¿Estamos firmes? «Por tanto, tomen toda la armadura de Dios, para que puedan resistir en el día malo, y habiéndolo hecho todo, estar firmes».[11]

Haríamos bien en regresar frecuentemente a estas preguntas, ya que he descubierto que tendemos a encorvarnos espiritualmente sin siquiera darnos cuenta. Típicamente, no lo notamos porque nos hemos acostumbrado y acomodado; esto significa que, a menos que prestemos mucha atención a nuestra postura (o a menos que alguien nos lo indique), tendemos a ignorarlo.

CAMBIA TU POSTURA

¿En qué parte de tu vida te has acomodado y has comenzado a encorvarte? ¿Te has dado cuenta? Es demasiado fácil ceder ante la fuerza de la gravedad de la comodidad y dejar que el encorvamiento se entrometa en cada área de nuestra vida, pero cuando la encontramos, es cuando debemos cambiar nuestra postura;

necesitamos enderezarnos. Tal vez así es como la mujer de Lot lentamente se convirtió en una persona que se detenía y miraba atrás, en lugar de obedecer y correr hacia el futuro.

En mi vida, cuando no quiero hacer algo, siento que comienzo a encorvarme, en sentido figurado. He aprendido que enderezarme requiere estar vigilante y ser intencional, no solo en lo espiritual, sino también en lo físico, en lo mental y en lo relacional. Por ejemplo, cuando viajo, me dirijo al gimnasio inmediatamente después de aterrizar. En un viaje reciente a Camboya, Tailandia y Pakistán, mi cuerpo estaba fatigado al aterrizar en los diferentes países y lo último que quería hacer era ejercitarme, pero aun así lo hice para combatir el desfase horario. Yo prefería dormir y, aunque dormir es importante, también lo es hacer ejercicio. He aprendido que, si quiero combatir el desfase horario, lo mejor es hacer lo opuesto de lo que quiero, de manera que lo primero que hago es ir al gimnasio. Es parte de la forma en que evito el encorvamiento físico y también me mantiene despierta y alerta para cumplir el propósito por el que viajé a esos países. Sin importar el lugar en que me encuentre, intento ejercitarme todos los días, así que salgo de excursión y monto en bicicleta; camino, levanto pesas y corro. He aprendido a ni siquiera considerarlo, pues si lo hago seguramente no me ejercitaré. Sería mucho más fácil ceder ante el dolor en mis articulaciones, en especial a medida que envejezco, pero no puedo hacerlo.

Entiendo que, para algunos de nosotros, hacer ejercicio puede ser difícil. Algunos hemos sufrido lesiones, reveses y hasta enfermedades que nos han dejado limitados o que han cambiado nuestra realidad. Sin embargo, cuando nos sea posible, movámonos físicamente. Cuidemos nuestro cuerpo porque es el templo de Dios.[12] Comamos alimentos saludables, en lugar de pensar que lo haremos después. Pidámosle a Dios que nos dé la fuerza para ser mayordomos del regalo y la gracia de la vida que Él nos ha encomendado. Si pensamos que tenemos poco tiempo para incorporar buenos hábitos en nuestra rutina, preguntémosle a Dios cómo podemos hacer un mejor uso de nuestro tiempo.

Cuando me encuentro encorvada mentalmente, me enderezo y reacomodo mis hábitos de pensamiento. Si has leído alguno de mis libros, entonces sabrás que he trabajado mucho para renovar mi mente, de manera que mi pensamiento esté alineado con la verdad de la Palabra de Dios y no con mis propios sentimientos ni ideas.[13] Esto es algo que he continuado haciendo todos los días de mi vida. En verdad, nuestra mente es un campo de batalla y, si no somos diligentes, nuestros pensamientos siempre tenderán hacia el temor, las dudas, la negatividad, la indiferencia y la apatía. De manera natural, nuestra mente da vueltas a los asuntos en lugar de renovarse, de forma que tenemos que meditar intencionalmente en lo que Dios nos manda que meditemos: «Por lo demás, hermanos, todo lo que es verdadero, todo lo digno, todo lo justo, todo lo puro, todo lo amable, todo lo honorable, si hay alguna virtud o algo que merece elogio, en esto mediten».[14]

Lo que este versículo deja claro es que debemos dirigir nuestros pensamientos con un propósito y no ser nosotros dirigidos por ellos. ¿Lo que piensas te acerca a Dios y resulta en mayor amor y confianza en Él? ¿O lo que piensas te lleva a la negatividad, a la incredulidad, a las dudas, a la desesperación y a la ansiedad? Cuando nos damos cuenta de que nuestra inclinación es a lo segundo, debemos cambiar nuestra postura.

Cuando me descubro encorvándome en lo relacional, comienzo con volver a priorizar mi tiempo con Nick, con mis hijas, con mi equipo y con mis amigos, porque cuando comenzamos a encorvarnos, dejamos de invertir en los demás y de buscarlos, ya sea por fatiga, por prioridades incorrectas, por decepciones, por heridas, por traiciones o por alguna otra razón. Sé que, cuando estoy cansada, mi tendencia es a retraerme de mis amistades, a bajar la guardia en mi matrimonio y como madre; tan solo quiero recostarme en mi hamaca, pero no puedo permitirme hacerlo.

Si estás casado, entonces quizás tu propio encorvamiento se manifiesta en menos citas románticas con tu cónyuge y en menos tiempo juntos. Tal vez se parece más a un chequeo rápido de los hechos básicos y a ver demasiadas series de televisión o en estar cerca, pero sin estar presente.

Con nuestros hijos, el encorvamiento puede suceder cuando nos interesa más su desempeño que su discipulado, cuando nos interesa más proveer para ellos que conectarnos con ellos. Puede suceder cuando estamos más consumidos por lo que tenemos que hacer que con tomarnos el tiempo para preguntarles sobre sus amigos, su escuela, sus actividades deportivas y sus intereses.

En nuestras amistades, el encorvamiento puede suceder cuando dejamos de interesarnos y de darnos seguimiento, cuando dejamos de preguntar y de responder, cuando dejamos de buscar y de entablar conversaciones. También puede manifestarse como soledad, cuando nos negamos a volver a construir, a volver a confiar, a volver a intentarlo por lo que ha sucedido en el pasado. Y en la comunidad de nuestra iglesia, el encorvamiento puede suceder cuando dejamos de presentarnos o cuando asistimos, pero no contribuimos y nos enfocamos únicamente en lo que podemos recibir y no en lo que podemos dar a los demás.

Dejar de encorvarnos en cualquier área requiere un cambio de postura y esto significa que no nos quedamos donde estuvimos, que dejamos de hacer lo que una vez hicimos. El senderismo me ha enseñado mucho sobre esto. Cuando alcanzo la cima de un cerro, no solo experimento un sentimiento de logro y una fuerza renovada, sino que también las vistas me asombran. Desde la punta de un cerro he visto el océano, he visto otros picos que he escalado, he visto ciudades encerradas en valles y he presenciado bosques gigantescos. Nada se le compara y, por más que quiero permanecer allí, sentarme allí y seguir presenciando todo, tengo que avanzar. Tengo que levantarme y descender antes del anochecer.

La transición de alcanzar la cima, asombrarme por la vista, sentarme a descansar, interiorizar todo y luego levantarme y seguir caminando me ha enseñado algo sobre muchas otras áreas de la vida. En los momentos cuando disfrutamos de las circunstancias más cómodas, nos parece mucho más fácil titubear y quedarnos sentados. Nos parece mucho más fácil ceder ante el lugar donde estamos en lugar de levantarnos y seguir avanzando en la dirección que Dios nos está guiando. Sin embargo, ese nunca será el plan de Dios para nosotros; su plan siempre incluirá cambios en nuestra postura y seguir avanzando en fe y valentía.

LEVANTARNOS DE LA COMODIDAD
Y LA CONVENIENCIA

A veces es más fácil mantener el *statu quo*, seguir cómodos y no ejercer la presión necesaria para cambiar nuestra postura. A menudo, por eso no nos enderezamos. Estamos rodeados por lujos y conveniencias que vuelven cómoda nuestra vida. Desde los refrigeradores y los microondas, el control remoto para la televisión y el portón del garaje, las colchas eléctricas y los calentadores de asiento, hasta los teléfonos celulares y las computadoras portátiles, estamos más acostumbrados que nunca a una vida fácil. Cuando viajo y no tengo acceso a las comodidades a las que estoy acostumbrada, me doy cuenta de lo acomodada que estaba. Puedo ordenar libros, artículos del hogar y hasta pantalones de ejercicio en Amazon y me llegan directo a mi casa, a veces hasta el mismo día. Puedo ordenar una comida en mi restaurante favorito y me la entregan en la puerta. Tengo a disposición cualquier cantidad de servicios de películas, videos y televisión por internet que puedo disfrutar desde mi casa con aire acondicionado, sentada en un sillón suave y cómodo. Puedo ducharme con agua caliente siempre que quiera, a menos que mis hijas se hayan duchado ya y se hayan acabado toda el agua caliente. Aun si esto sucede, no pasa mucho tiempo hasta que el agua se calienta otra vez. ¿Nos damos cuenta de cuántas conveniencias moldean nuestra vida diaria? Me pregunto si la pérdida potencial de estas comodidades es otra razón por la que debemos acordarnos de la mujer de Lot.

Sabemos que Sodoma era muy fructífera antes de ser destruida (tanto que es comparada con el huerto de Edén), una región con todo tipo de alimentos que eran una bendición.[15] Fue por la misericordia y la bondad de Dios que todos los que vivían allí tenían abundancia, pero sus habitantes lo daban por sentado: «Esta fue la iniquidad de tu hermana Sodoma: arrogancia, abundancia de pan y completa ociosidad tuvieron ella y sus hijas; pero no ayudaron al pobre ni al necesitado, y se enorgullecieron y cometieron abominaciones delante de Mí. Y cuando lo vi, las hice desaparecer».[16]

Este es uno de esos versículos que vale la pena leer y volver a leer hasta que termine de hacer su obra completa en nuestra alma. El pueblo de Sodoma atesoraba e idolatraba su comodidad. Habían recibido bendiciones, grandes bendiciones, pero en lugar de ser canales de bendición que liberaran lo que habían recibido para beneficio de los demás, se convirtieron en depósitos de bendiciones y retuvieron lo que habían recibido para su propio beneficio. La realidad es que Sodoma no está lejos de donde estamos hoy. Espiritualmente, muchos de nosotros hemos comprado propiedades en Sodoma y nos hemos acostumbrado a su cultura. También podemos ser arrogantes. También podemos tener abundancia de pan y completa ociosidad. También podemos ignorar al pobre y al necesitado. Vivir de esta manera es tan común en la actualidad que creo que nos encontraremos a la deriva en la corriente del egocentrismo de Sodoma, a menos que oremos y escojamos de forma intencional algo diferente.

¿Qué significa escoger algo diferente? Dios no quiere dejarnos con la incertidumbre. Una y otra vez en la Escritura, Él nos muestra lo que quiere que hagamos con lo que recibimos de Él. En 2 Corintios, Pablo fue consolado por Dios y, aun con este consuelo (no solo con recursos tangibles), él entendió que lo que Dios nos ha dado no debe ser acumulado, sino compartido.

> Bendito sea el Dios y Padre de nuestro Señor Jesucristo, Padre de misericordias y Dios de toda consolación, el cual nos consuela en todas nuestras tribulaciones, para que también nosotros podamos consolar a los que están en cualquier aflicción, dándoles el consuelo con que nosotros mismos somos consolados por Dios. Porque así como los sufrimientos de Cristo son nuestros en abundancia, así también abunda nuestro consuelo por medio de Cristo. Pero si somos atribulados, es para el consuelo y salvación de ustedes; o si somos consolados, es para consuelo de ustedes, que obra al soportar las mismas aflicciones que nosotros también sufrimos.[17]

El consuelo de Dios fue una provisión para Pablo, pero no solo para él. Esta provisión tenía la intención de ser liberada, no retenida, para bendición y beneficio de otros. Dios quiere que hagamos esto con todo lo que recibimos de Él y lo primero que nos limitará de hacerlo es nuestra preocupación por nuestra propia comodidad. Esta preocupación nos llevará a retener lo que tenemos por miedo a que, si lo entregamos, lo perderemos. Esta preocupación evitará que nos arriesguemos porque estimamos que el costo para nosotros (estimado o real) es mayor que el beneficio para el otro. Esta preocupación nos llevará a asentarnos en el vecindario de la autocomplacencia y a no vivir para los propósitos de Dios ni responder a las necesidades a nuestro alrededor. Sencillamente, preocuparnos por nuestra propia comodidad nos llevará a repetir los pecados de Sodoma y nos hará querer permanecer en el mismo lugar.

Es demasiado fácil sentarnos, volvernos apáticos e indiferentes, preocuparnos por nuestra propia comodidad y no volvernos a levantar. En toda la Escritura, Dios llama muchas veces a su pueblo a levantarse, incluso cuando están abatidos, temerosos, inseguros de qué hacer a continuación, aun cuando levantarse les costará su seguridad, su tranquilidad y su comodidad.

- Cuando Dios quiso liberar a los hijos de Israel de Egipto, Él le dijo a Moisés que se levantara.[18]
- Cuando Dios quiso que la nación de Israel cruzara el río Jordán hacia la tierra prometida, Él mandó a Josué que se levantara.[19]
- Cuando los madianitas oprimían a los israelitas, Dios le pidió a Gedeón que se levantara.[20]
- Cuando Dios quiso que David fuera ungido como el siguiente rey de Israel, Él le mandó a Samuel que se levantara.[21]
- Cuando hubo una sequía en la tierra y Elías necesitaba alimento, Dios le dijo a la viuda de Sarepta que se levantara.[22]
- Cuando el pueblo de Dios se apartó de Él espiritualmente y la distancia entre ellos crecía, Dios ordenó a Jeremías que se levantara.[23]
- Cuando fue promulgado un edicto de genocidio contra los judíos, Dios llevó a Ester a levantarse.[24]

- Cuando fue necesario reconstruir el templo, Dios llamó a Nehemías a levantarse.[25]

En el Nuevo Testamento, cuando Dios sanaba personas, a menudo les pedía que se levantaran.

- A la hija de Jairo, le dijo: «"Talita cum", que traducido significa: "Niña, a ti te digo, ¡levántate!"».[26]
- Al joven de Naín, en su funeral, Jesús ordenó: «Joven, a ti te digo: ¡Levántate!».[27]
- Al hombre de la mano seca, Jesús dijo: «Levántate y ponte aquí en medio».[28]
- Al paralítico, Jesús mandó: «Levántate, toma tu camilla y anda».[29]

Y, cuando los judíos comenzaron a perseguirlo por haber sanado al paralítico, Él anunció: «Hasta ahora Mi Padre trabaja, y Yo también trabajo».[30] Jesús dijo esto porque Dios seguía trabajando en ese momento y yo estoy segura de que sigue haciéndolo ahora. Porque no se ha cumplido aún todo. Porque todo no está como se suponía. Y no lo será hasta que haya un nuevo cielo y una nueva tierra, pero eso no significa que no haya mucho que Dios quiera que logremos mientras vivimos aquí, en este momento. Hay muchas personas que aún no han visto, no han sabido y no han escuchado que Dios los ama y que anhela salvarlos, rescatarlos y redimirlos. Estoy segura de que tú conoces a algunos.

Levantarse, en especial cuando no es la primera vez, no siempre es fácil, sobre todo cuando estamos cansados, agotados o lastimados. La comodidad es, valga la redundancia, cómoda, pero levantarnos no lo es. Sin embargo, la buena noticia es que nuestra capacidad para levantarnos no depende de nuestra fuerza, sino de Aquel que...

- no se fatiga ni se cansa (Is 40:28);
- renueva nuestra fuerza cuando esperamos en Él (Is 40:31);
- es mayor que el que está en el mundo (1 Jn 4:4);
- es fuerte cuando nosotros somos débiles (2 Co 12:10);
- es muy poderoso (Sal 147:5);
- nos fortalece en el poder de su fuerza (Ef 6:10);
- nos ha prometido que nunca nos dejará ni nos desamparará (Heb 13:5).

Entiendo que es demasiado sencillo sentarnos sin darnos cuenta y esperar a que las circunstancias de nuestra vida cambien para levantarnos, esperar a que las personas en nuestra vida cambien, a que nuestro ambiente laboral cambie, a que nuestro gobierno cambie, pero Dios nos ha dado más iniciativa que esa. Él ha puesto en nosotros el mismo poder que levantó a Jesús de entre los muertos. «Pero si el Espíritu de Aquel que resucitó a Jesús de entre los muertos habita en ustedes, el mismo que resucitó a Cristo Jesús de entre los muertos, también dará vida a sus cuerpos mortales por medio de Su Espíritu que habita en ustedes».[31]

Gracias a que Jesús se levantó, nosotros podemos levantarnos también. Gracias a Jesús, podemos ser las personas más llenas de esperanza, fe y gozo en el planeta. Podemos tener

> Gracias a Jesús, podemos ser las personas más llenas de esperanza, fe y gozo en el planeta.

más claridad, propósito, determinación, fuerza y resistencia que cualquiera. Podemos ser llenos de sabiduría, creatividad, visión, ideas y proyectos. Sé que nuestro mundo ha cambiado. Desde el inicio y durante todo el libro lo he dicho, pero Jesús no ha cambiado. Sus promesas, sus planes para nosotros y su propósito para nosotros no ha cambiado. Por eso, más que nunca, es momento de levantarnos. Es momento de dar pasos en fe y valentía, pero esto no sucede de forma automática. Debemos levantarnos y hacer algo con lo que tenemos, en el lugar donde estamos... y tenemos que hacerlo una y otra vez, día tras día.

Cada mañana, al despertarte, te animo a tener una conversación con el Señor y preguntarle:

- *Dios, ¿qué hay en tu corazón hoy y de qué forma quieres que me levante y participe en lo que tú quieres hacer?*
- *Dios, ¿qué fortaleza deseas derribar hoy en el santuario de la oración?*
- *¿Qué necesidades quieres suplir por medio de mí hoy?*
- *¿Qué esperanza quieres extender por medio de mí hoy?*
- *¿Qué mal quieres corregir por medio de mí hoy?*
- *¿Qué injusticia quieres detener por medio de mí hoy?*
- *¿Qué sufrimiento quieres aliviar por medio de mí hoy?*
- *¿Qué dolor quieres consolar por medio de mí hoy?*

- *¿Qué palabras de vida quieres pronunciar por medio de mí hoy?*

Pregunta con tus familiares, amigos, colegas, vecinos y comunidad en mente. Pídele a Dios con valentía y anticipa su respuesta. Luego, actúa conforme a lo que Él te indique.

A menudo, hablamos como si estuviéramos esperando a Dios, pero ¿qué tal si Dios está esperándonos a nosotros para que le pidamos y actuemos en obediencia a su respuesta? Nunca olvidemos sus palabras a nosotros y sobre nosotros: «Porque somos hechura Suya, creados en Cristo Jesús para hacer buenas obras, las cuales Dios preparó de antemano para que anduviéramos en ellas».[32] El bien que Dios quiere hacer y que quiere cumplir a través de cada uno de nosotros no es una idea de Dios *a posteriori*, sino *a priori*. ¡Eso es increíble! Ahora que sabemos eso, no convirtamos su idea preconcebida en nuestra ocurrencia tardía. Despertémonos, preguntemos, anticipémonos y levantémonos para actuar en obediencia a su respuesta, ¡para su gloria y propósito! No podemos imaginar cuántas cosas puede hacer Dios por medio de nosotros si nos levantamos y lo obedecemos.

Acuérdense de la mujer de Lot

Las dudas, la desobediencia y la falta de temor a Dios de la mujer de Lot fueron señales de encorvamiento espiritual.

1. Aparta un poco de tiempo para orar: *Dios, ¿hay áreas en mi vida en las que me estoy encorvando, en lo físico, en lo relacional o hasta en lo espiritual? Si es así, ¿de qué forma debo cambiar mi postura?* Anota tus meditaciones y tus siguientes pasos en tu diario.

2. Dios nos está llamando a levantarnos y a unirnos a Él en sus propósitos para este planeta. A medida que piensas en tus familiares, amigos, vecinos, colegas y comunidad, ¿cómo te está llamando Dios a levantarte y qué situación quiere que trates? ¿Qué paso puedes dar hoy para lograrlo?

CONCLUSIÓN

Avanza con tu mirada
puesta en casa

Al dejar mi maleta en el piso de nuestra habitación, no podía esperar para cambiarme y meterme debajo de las cobijas de mi propia cama. Nick y yo acabábamos de regresar a casa después de catorce semanas de viaje por nuestras oficinas de A21 en doce países diferentes y, aunque dormí bien en casi todas las camas de todas las ciudades, no duermo en ninguna como en la mía. No estoy totalmente segura por qué, pero de alguna forma estoy convencida de que mi cama conoce todos mis achaques y dolores, los viejos y los nuevos, y se ajusta de forma correspondiente. Sabe perfectamente cómo sostenerme durante seis a ocho horas seguidas. Pienso que incluso sabe cuándo necesito despertarme un poco para darme vuelta, como si me monitoreara durante la noche. Prometo que no estoy en un delirio producido por el desfase horario (o quizás sí lo estoy), pero de verdad me encanta dormir en mi cama, más que en ninguna otra, y cuando regreso a casa después de un largo viaje no puedo esperar para meterme en mi cama y dormir bien.

Si viajas con frecuencia, tal vez sabes de qué estoy hablando. Supongo que no tiene demasiado que ver con la marca del colchón, sino más bien con la forma en que nuestra cama está cubierta por nuestras propias sábanas y cobijas y cojines. Pienso que tiene que ver con su olor y su textura y con la manera en que nos relajamos mejor que sobre cualquier otra cama. Más que nada, supongo que tiene que ver con que estamos en casa.

Sin importar dónde vivamos en el mundo, sin importar a qué lugar llamemos nuestro hogar, estar en casa es un sentimiento diferente de cualquier otro, ¿cierto? La mayoría de mis recuerdos más felices tienen que ver con estar en casa con Nick y nuestras hijas, en la celebración de algún día festivo, mientras cocinamos o comemos juntos o nos acostamos en el sofá frente a una chimenea calientita y acogedora. Aun así, en todos mis viajes, mientras doy vueltas alrededor del mundo, me han preguntado muchas veces cuál es el lugar en el que me siento más como en casa, en especial porque nací y crecí en Sídney y ahora vivo en Estados Unidos.

Es una pregunta legítima, sobre todo porque desde hace años he bromeado que vivo en un avión. Admito que, cuando voy con Nick y nuestras hijas a Sídney de visita, incluso antes de aterrizar, mientras miro por la ventana del avión y diviso el icónico puente de la bahía de Sídney, siento que estoy en mi hogar. Cuando paso la aduana y veo el cartel que dice: «Bienvenido a casa», así lo siento. Cuando me siento en una cafetería y me como un pan tostado con *Vegemite*, siento que estoy en mi hogar. Cuando visito calles y sitios familiares, siento que estoy en mi hogar. Cuando contacto a viejos amigos y nos reímos de recuerdos del pasado, siento que estoy en mi hogar. Sin embargo, sentir que estás en tu hogar es diferente que de hecho estar en tu hogar, así que en realidad no considero Sídney mi hogar.

Ha habido veces cuando he pasado meses anticipando una visita a un restaurante o parque o playa conocida solo para darme cuenta, al llegar allí, de que no es lo mismo. Se ve igual, pero no es lo mismo. Y pienso que es porque yo he cambiado. He avanzado en la vida y, cuando regreso de visita, ya no es el hogar que dejé atrás.

De la misma manera, ahora que he vivido en Estados Unidos durante más de una década, a menudo experimento los mismos sentimientos. Cuando miro por la ventana de un avión y reconozco las vistas familiares de la costa del sur de California, siento que estoy en mi hogar. Me sucede cuando llego a nuestro vecindario, cuando me encuentro con amigos en mi restaurante favorito, cuando voy al gimnasio o cuando me dirijo a la oficina en California. Sin embargo, de nuevo, a pesar de haber vivido en Estados Unidos durante más de una década, no estoy segura de poder llamarlo mi hogar tampoco.

Antes de que pienses que he viajado demasiado y que necesito detenerme un rato para solucionar este asunto, lo que en realidad sé es que, como seguidores de Cristo, sin importar el lugar del mundo en el que vivamos, sin importar el lugar en el que nos sintamos como en casa, este lugar no es nuestro hogar, porque nuestro hogar no está aquí en la tierra. Incluso si eres una de esas personas que viven en la misma ciudad en la que generaciones de tus familiares han vivido, nuestro verdadero hogar tiene una dirección eterna con un código postal celestial. El escritor de Hebreos lo dijo de esta manera: «Porque no tenemos aquí una ciudad permanente, sino que buscamos la que está por venir».[1] Tal vez, por eso, en el fondo de mi ser, ningún lugar me parece mi verdadero hogar, ni siquiera el lugar donde puedo meterme en mi cama favorita.

Ya que este mundo no es mi hogar eterno, como tampoco es el tuyo, somos lo que la Biblia llama *extranjeros*; esto significa que somos personas que pasamos por esta vida en nuestro camino a casa. Pedro usó este término cuando escribió a los cristianos perseguidos que se hallaban en la dispersión en cinco regiones de Asia Menor.

Amados, les ruego como a extranjeros y peregrinos, que se abstengan de las pasiones carnales que combaten contra el alma. Mantengan entre los gentiles una conducta irreprochable, a fin de que en aquello que les calumnian como malhechores, ellos, por razón de las buenas obras de ustedes, al considerarlas, glorifiquen a Dios en el día de la visitación.[2]

Ya que somos extranjeros, no podemos atascarnos en el camino, sin importar donde sea, ya sea en lo espiritual, en lo mental, en lo emocional, en lo relacional o en lo físico. La intención nunca fue que nos detuviéramos y nos estacionáramos, sino que avanzáramos. Por eso es tan importante acordarnos de la mujer de Lot en nuestra vida diaria, de manera que podamos seguir avanzando hacia nuestro futuro hogar.

En hebreo y en griego, la palabra que se traduce *extranjero* significa «un forastero que viaja por una tierra o que se ha establecido en esa tierra. El extranjero no tiene afiliaciones familiares ni tribales entre los que está viajando ni con los que está viviendo».[3] Hay muchos extranjeros en la Biblia, pero uno de los primeros que viene a mi mente es Abraham.

> Por la fe Abraham, al ser llamado, obedeció, saliendo para un lugar que había de recibir como herencia; y salió sin saber adónde iba. Por la fe habitó como extranjero en la tierra de la promesa como en tierra extraña, viviendo en tiendas como Isaac y Jacob, coherederos de la misma promesa.[4]

Reconozco que *extranjero* no es una palabra que utilicemos en nuestras conversaciones cotidianas y, sin embargo, basándonos en estas definiciones, podría aplicarse fácilmente a infinidad de situaciones. Cuando viajo, soy extranjera, ya sea que visite una ciudad dentro de Estados Unidos o en Europa, Australasia, el Medio Oriente, Sudamérica, África o el Sudeste Asiático. Cuando Catherine fue a la universidad para su primer año, a un par de horas de la casa, fue una extranjera allí. Cuando los voluntarios de A21 se mudan para estar cerca de nuestra oficina para un internado durante tres a seis meses, son extranjeros en la ciudad en la que sirven. En cada uno de estos escenarios, todos somos personas que atravesamos un lugar en específico durante un tiempo determinado; no somos personas que nos detenemos y nos quedamos en el mismo lugar por haber llegado a un lugar permanente. Y, sin embargo, aunque

CONCLUSIÓN

estamos en un lugar temporal, estamos completamente presentes y activos en el momento, aunque siempre sabiendo que esta no es nuestra misión eterna. En algún momento, llegaremos a otro lugar... porque eso es lo que hacen los extranjeros.

VIVIR COMO EXTRANJEROS *AQUÍ* Y COMO CIUDADANOS *ALLÁ*

Cuando vine por primera vez a Estados Unidos en 1998, yo era ciudadana de Australia, por lo que llegué con visa de turista. Se entendía que venía de visita, que mi estadía en el país sería temporal y que en algún momento tendría que regresar. En este sentido, yo era una extranjera, porque estaba solo de paso; no pensaba quedarme. Además, aunque se me daba la misma protección que a un ciudadano, no tenía los mismos derechos ni responsabilidades que un ciudadano. Por ejemplo, mi permiso de entrada al país dependía de los inspectores de migración. Si me lo otorgaban, no podía estar en el país más de ciento ochenta días o me impedirían volver a entrar durante tres años. Si me quedaba más de un año, podían impedir mi entrada hasta durante diez años.[5]

Durante doce años, viajé a Estados Unidos de esta manera, pero en 2010 me mudé al país y me convertí en lo que el gobierno llama un residente foráneo. Esto significaba que era una inmigrante que vivía en Estados Unidos y, como tal, tenía derecho de obtener un número de seguridad social y de trabajar en Estados Unidos, aunque no de votar. También tenía responsabilidades que cumplir para mantener este nuevo

186

estatus; si no lo hacía, me deportarían. Tenía que declarar impuestos por ingresos, obedecer todas las leyes del país, de los estados y de las localidades. Tenía que apoyar la forma democrática de gobierno y notificar a los servicios de migración si me mudaba de domicilio.[6]

En marzo de 2012, mi estatus cambió a residente foráneo permanente. Con este ascenso, podía hacer todo lo que antes hacía, pero era considerada ya residente permanente: una distinción importante que me acercaba más a obtener la ciudadanía.

En julio de 2018, aprobé mi examen para la ciudadanía, justo ocho años después de mudarme a Estados Unidos. Cuando Nick y yo y nuestras hijas pronunciamos el juramento de naturalización el 18 de septiembre de 2018, fue un día memorable. Esto significaba que ahora podía registrarme y votar en elecciones estatales y federales. Podía servir en un jurado. Podía tener acceso a los beneficios federales. Podía viajar con un pasaporte estadounidense y recibir protección del gobierno de este país en el extranjero. Podía volver al país libremente. Era elegible para empleos federales y para cargos públicos. Como ciudadana naturalizada, ahora tenía todos los derechos y privilegios de un ciudadano nacido en Estados Unidos.[7]

Sé que te acabo de dar una versión abreviada de mi experiencia rumbo a la ciudadanía estadounidense, pero lo hice para resaltar que no tuve todos los derechos y privilegios sino hasta que me convertí en ciudadana. De la misma manera, sin importar en qué parte del mundo te encuentres leyendo hoy este libro y qué país esté nombrado en el frente de tu pasaporte, si estás en Cristo, entonces de hecho eres ciudadano del cielo y residente en la tierra. Tienes derechos y privilegios de otro mundo. Cuando Pablo escribió a los filipenses, dijo: «Porque nuestra ciudadanía está en los cielos, de donde también ansiosamente esperamos a un Salvador, el Señor Jesucristo, el cual transformará el cuerpo de nuestro estado de humillación en conformidad al cuerpo de Su gloria, por el ejercicio del poder que tiene aun para sujetar todas las cosas a Él mismo».[8]

Al llamar a los filipenses ciudadanos del cielo, Pablo estaba ilustrando una metáfora para ellos y para nosotros. Vivimos de forma temporal en una colonia llamada Tierra, pero somos ciudadanos del cielo y, como tales, tenemos derechos y privilegios, así como tareas y responsabilidades, al igual que un ciudadano de cualquier nación en esta tierra.

EXTRANJEROS CON PROPÓSITO

Como ciudadanos del cielo y extranjeros en esta tierra, una de las responsabilidades que tenemos al vivir *aquí* es vivir para *allá*. Buscar *aquí* las cosas que importan *allá*. Hacer *aquí* las cosas que importan *allá*. Dedicarnos *aquí* a las cosas que importan *allá*.

> Como ciudadanos del cielo y extranjeros en esta tierra, una de las responsabilidades que tenemos al vivir *aquí* es vivir para *allá*.

Es importante entender que la vida como extranjeros no es vana, sino que tiene un propósito. Cuando nosotros, como extranjeros, perdemos de vista nuestro propósito, nos convertimos en colonos o en despilfarradores. Los colonos se establecen y se contentan y sacian con esta vida; dejan de avanzar y de buscar los propósitos de Dios, tal como los israelitas que, una vez que entraron en la tierra prometida, nunca terminaron de conquistarla.[9] Los despilfarradores divagan y desperdician lo que Dios les ha dado y lo intercambian por un propósito inferior y más bajo, como los israelitas en el desierto. Sin embargo, ser colonos o despilfarradores no es el llamado de Dios para nuestra vida. Somos llamados a vivir como extranjeros, personas que avanzan en busca de Dios y de sus propósitos.

¿Qué significa vivir como extranjero con propósito en la realidad? No hay mejor ejemplo que Jesucristo. Como extranjero en esta tierra, puso su mirada en una sola cosa: hacer la voluntad y la obra del Padre.[10] Este único enfoque fue tan grande que dirigió lo que decía y lo que no decía, lo que hacía y lo que dejaba de hacer.[11] Como extranjero, Jesús vivió una vida de propósito.

Hay una palabra griega que se usa en todo el Nuevo Testamento para referirse a esta realidad: *télos*. Te daré una pequeña lección de griego, así que no te vayas, por favor. Te prometo que será buena. Cuando se usa como sustantivo, *télos* significa en esencia «meta o propósito supremo». Como adjetivo, puede significar «completado, que no le falta nada, perfecto». Como verbo, puede significar «perfeccionar, acabar, cumplir».[12] Jesús usó esta palabra en varias ocasiones para describir sus acciones y sus intenciones en esta tierra.

Juan 4:34 menciona: «Mi comida es hacer la voluntad del que me envió y llevar a cabo *[téleios]* Su obra».

Juan 5:36 indica: «Pero el testimonio que Yo tengo es mayor que el de Juan; porque las obras que el Padre me ha dado para llevar a cabo *[téleios]*, las mismas obras que Yo hago, dan testimonio de Mí, de que el Padre me ha enviado».

Juan 17:4 indica: «Yo te glorifiqué en la tierra, habiendo terminado *[téleios]* la obra que me diste que hiciera».

El *télos* de Jesús era *téleios* de la obra de Dios; en otras palabras, la meta de Jesús era completar la obra que Dios tenía para Él. En Cristo, nosotros tenemos el mismo llamado: servir para los propósitos de Dios en nuestra generación, al igual que lo hizo David.[13]

Ahora bien, ¿cuáles son los propósitos y los planes de Dios? ¿Cuál es el objetivo que persigue? Dios tiene un gran *télos* para todo el mundo. Él restaurará todo a la forma de su intención original. Él está en el proceso de reconciliar todas las cosas consigo mismo en Cristo. La redención está en marcha y todas las cosas serán restauradas. Dios será glorificado. Este es su *télos*.[14]

Como personas que pertenecemos a Dios, nuestro *télos* se encuentra en su *télos*. Pablo captó esta verdad cuando escribió: «Pero en ninguna manera estimo mi vida como valiosa para mí mismo, a fin de poder terminar *[téleios]* mi carrera y el ministerio que recibí del Señor Jesús, para dar testimonio solemnemente del evangelio de la gracia de Dios».[15]

El *télos* de Dios, y su búsqueda, nos evita asentarnos como colonos y despilfarrar sus beneficios. Nos mantiene avanzando hacia la meta como extranjeros con un propósito. El *télos* de Dios es la razón por la que debemos acordarnos de la mujer de Lot.

CUMPLAMOS NUESTRO *TÉLOS*

Así que, como residentes de la tierra y ciudadanos del cielo, ¿cómo podemos vivir de forma práctica conforme al *télos* de Dios? Pablo nos dice: «Por tanto, somos embajadores de Cristo, como si Dios rogara por medio de nosotros, en nombre de Cristo les rogamos: ¡Reconcíliense con Dios!».[16]

En el mundo, un embajador es alguien que vive en un país, pero que representa a su país natal. En Estados Unidos, un embajador es:

> «... el representante de mayor rango del presidente en una nación específica u organización internacional en el extranjero. Un embajador efectivo debe ser un buen líder, un buen administrador, un negociador resiliente y un representante respetado de Estados Unidos. Un papel clave de un embajador es coordinar las actividades, no solo de los oficiales del servicio exterior y del personal bajo su responsabilidad, sino también de los representantes de otras agencias estadounidenses en el país».[17]

Casi todas las naciones de la tierra tienen embajadores que sirven en muchas partes del mundo. Gracias al trabajo de A21, tenemos relación con embajadores en todo el mundo, en especial en países donde tenemos una oficina. De la misma manera, tú y yo hemos sido enviados por Dios a este mundo para representar a Cristo, nuestro Rey.[18]

- Como embajadores, proclamamos el mensaje del Dios que nos ha enviado (1 Co 15:1-4).
- Como embajadores, hablamos con la autoridad del Dios que nos ha enviado (Mt 28:18-20).
- Como embajadores, estamos en comunicación constante con el Dios que nos ha enviado (1 Ts 5:17).
- Como embajadores, podemos llevar el cielo a la tierra mediante nuestra oración y obediencia (Mateo 6:10).
- Como embajadores, podemos llevar el amor del cielo a un mundo lleno de odio.
- Como embajadores, podemos llevar el gozo constante del Espíritu a un mundo lleno de incertidumbre.
- Como embajadores, podemos llevar la paz de Dios a un mundo sumergido en la ansiedad.
- Como embajadores, podemos llevar la paciencia de Dios en un mundo dominado por la gratificación instantánea.
- Como embajadores, podemos llevar la amabilidad, la bondad, la fidelidad, la gentileza y el dominio propio del Espíritu de Dios a un mundo que carece de todas estas cosas.
- Como embajadores, podemos llevar la esperanza de Dios a un mundo dolido.
- Como embajadores, podemos llevar el consuelo de Dios a corazones sufrientes.

Como embajadores llenos del Espíritu de Dios, podemos ser usados por Dios para llevar el cielo a la tierra; esto significa que no se logrará a menos que lo hagamos. Somos llamados a hacerlo en nuestro trabajo, en nuestro hogar y en nuestra comunidad. Tenemos beneficios. Por lo tanto, debemos vivir en la tierra de tal forma que representemos los valores de nuestro hogar y guiemos a otros hacia este fin supremo. Vivimos aquí, trabajamos aquí, edificamos aquí, servimos aquí, pero no permanecemos aquí; estamos de camino a casa. Saber esto no hace que abdiquemos nuestras responsabilidades aquí; de hecho, debería movernos a un anhelo por ser inmensamente fructíferos aquí porque sabemos que, cuando lleguemos allá, daremos cuenta por todo lo que hagamos aquí.

CUANDO LLEGUEMOS A CASA POR FIN

Mientras más avanza mi vida y más me acerco a la muerte, más me doy cuenta de que hay mucha gente que se siente incómoda al hablar de ir a casa, al cielo (aunque seguramente todos estamos de acuerdo en que allí es adonde queremos ir cuando se termine esta vida). He descubierto que algunas personas tienen temor de la muerte, aunque la Escritura nos promete que, gracias a la muerte, sepultura y resurrección de Cristo, la muerte ha perdido su aguijón.[19] Ya no tiene poder sobre nosotros. Aun así, no es un tema de conversación popular durante una fiesta. He perdido a muchísimas personas en la última década de mi vida, porque eso es lo que sucede cuando envejeces... perdemos a nuestros padres, perdemos a nuestras tías y tíos, perdemos a otros familiares y a amigos. Lo que nunca esperé al envejecer fue vivir una pandemia y perder aún más familiares y amigos (algo que todos hemos experimentado juntos). Todas estas pérdidas en años recientes me han hecho pensar más que cualquier otro momento de mi vida en ir a casa. Me ha dado curiosidad respecto al cielo y a cómo será en realidad.

Cuando era niña y las personas hablaban del cielo, a menudo me imaginaba a los ángeles que mostraban los vitrales de nuestra iglesia porque, en mi familia, todos hablaban de ángeles cuando alguien moría. Los escuchaba decir cosas como: «Dios necesita a otro ángel en el cielo», o «Los ángeles llegaron para escoltar al difunto» o «Dios debe necesitar otro agente de viajes en el cielo» (porque esa era la ocupación del fallecido aquí en la tierra). Nunca estaba muy segura de qué significaban esas afirmaciones ni de por qué Dios necesitaría un agente de viajes; después de todo, Él es Dios y se supone que está en todo lugar.[20] Sin embargo, por lo que veía en la iglesia, deducía que los ángeles tienen una función importante y que, por alguna u otra razón, vienen en una variedad de tamaños.

Aunque no sé cómo será exactamente el cielo, sé que no andaremos por allí, aburridos, tocando un arpa, porque habrá trabajo que hacer. El Libro de Apocalipsis nos dice que descansaremos de nuestra labor aquí en la tierra,[21] pero que, como siervos de Dios en el cielo, pasaremos nuestro tiempo allá sirviéndolo.[22] Edificaremos, plantaremos y disfrutaremos de la labor de nuestras manos.[23]

No estoy segura de cuáles serán todas mis opciones cuando llegue allá, pero estoy totalmente dispuesta a unirme a la nube de testigos que se asoma desde el balcón del cielo como el escritor de Hebreos lo menciona.[24] Me gustaría alentar a todos los que siguen aquí. Ciertamente, no habrá necesidad de una evangelista, mi ocupación de vida en esta tierra, porque claramente todos en el cielo serán ya salvos. Ahora que lo pienso, estoy segura de que muchos trabajos serán completamente innecesarios. De seguro que no habrá necesidad de servicios funerarios, porque no habrá muerte en el cielo. No habrá necesidad de médicos ni de enfermeras, tampoco de paramédicos ni de personal de emergencias ni de otros servicios médicos o farmacéuticos porque nadie allá se enfermará. En realidad, tampoco creo que necesitemos pañuelos, porque no habrá más lágrimas.[25] No habrá necesidad de fabricantes de armas, porque no habrá más guerra.[26] No habrá necesidad de estilistas, ni de manicuristas ni de entrenadores deportivos porque nuestro cuerpo será glorificado.[27] No habrá necesidad de políticos, ni de policías, ni de vendedores de seguros, ni de banqueros ni de abogados de divorcio, porque nadie allí requerirá sus servicios.[28] No quisiera amenazar la carrera de todos, pero en el cielo, tendremos que acudir a una feria laboral y comenzar de nuevo.

Hablemos en serio; a veces pienso que no conversamos suficiente respecto a nuestro hogar eterno y al hecho de que vamos de camino a casa porque pensamos que es un final aterrador, mítico o mórbido. Sin embargo, no es un final; es una continuación y la Biblia la describe con palabras hermosas. No solo ya no tendremos que trabajar y afanarnos como aquí en la tierra, sino que podremos también disfrutar de todos los beneficios de nuestro hogar eterno.

- **Estará su presencia:** «Entonces oí una gran voz que decía desde el trono: "El tabernáculo de Dios está entre los hombres, y Él habitará entre ellos y ellos serán Su pueblo, y Dios mismo estará entre ellos"».[29]
- **Habrá adoración:** «Después de esto miré, y vi una gran multitud, que nadie podía contar, de todas las naciones, tribus, pueblos, y lenguas, de pie delante del trono y delante del Cordero, vestidos con vestiduras blancas y con palmas en las manos. Clamaban a gran voz: "La salvación pertenece a nuestro Dios que está sentado en el trono, y al Cordero"».[30]
- **Habrá luz:** «Ya no habrá más noche, y no tendrán necesidad de luz de lámpara ni de luz del sol, porque el Señor Dios los iluminará, y reinarán por los siglos de los siglos».[31]
- **Habrá vida:** «El mundo pasa, y también sus pasiones, pero el que hace la voluntad de Dios permanece para siempre».[32]
- **Habrá moradas:** «En la casa de Mi Padre hay muchas moradas; si no fuera así, se lo hubiera dicho; porque voy a preparar un lugar para ustedes. Y si me voy y les preparo un lugar, vendré otra vez y los tomaré adonde Yo voy; para que donde Yo esté, allí estén ustedes también».[33]
- **Habrá bendición:** «Después el ángel me mostró un río de agua de vida, resplandeciente como cristal, que salía del trono de Dios y del Cordero, en medio de la calle de la ciudad. Y a cada lado del río estaba el árbol de la vida, que produce doce clases de fruto, dando su fruto

cada mes; y las hojas del árbol eran para sanidad de las naciones. Ya no habrá más maldición».[34]

- **Habrá paz y gozo:** «Por eso están delante del trono de Dios, y le sirven día y noche en Su templo; y Aquel que está sentado en el trono extenderá Su tabernáculo sobre ellos. Ya no tendrán hambre ni sed, ni el sol les hará daño, ni ningún calor abrasador, pues el Cordero que está en medio del trono los pastoreará y los guiará a manantiales de aguas de vida, y Dios enjugará toda lágrima de sus ojos».[35]

- **Habrá belleza:** «El material del muro era jaspe, y la ciudad era de oro puro semejante al cristal puro. Los cimientos del muro de la ciudad estaban adornados con toda clase de piedras preciosas: el primer cimiento, jaspe; el segundo, zafiro; el tercero, ágata; el cuarto, esmeralda; el quinto, sardónice; el sexto, sardio; el séptimo, crisólito; el octavo, berilo; el noveno, topacio; el décimo, crisopraso; el undécimo, jacinto; y el duodécimo, amatista. Las doce puertas eran doce perlas; cada una de las puertas era de una sola perla. La calle de la ciudad era de oro puro, como cristal transparente».[36]

Cuando lleguemos a casa, ya no habrá más batallas. Toda cadena que nos hemos esforzado tanto por romper será deshecha. El dolor, el sufrimiento, la adicción, la fatiga, la angustia, la decepción, el estrés y el arduo trabajo se terminarán. Estaremos en la presencia de Jesús y todo será perfecto.[37] Imagino que, si recordamos nuestra vida aquí en la tierra, le agradeceremos a Dios por habernos hecho extranjeros.

Estaremos extremadamente agradecidos con Él por habernos hecho embajadores *aquí* y ciudadanos *allá*. Estaremos felices de estar finalmente en casa.

Saber lo que me espera en mi hogar celestial es lo que me impulsa aquí en la tierra. Saber que mis esfuerzos aquí tendrán una recompensa eterna me mantiene perseverando, corriendo mi carrera, extendiéndome por el galardón aquí, que es Jesús.[38] Todos enfrentamos decepción, dolor, sufrimiento, enfermedad, dolencias, pérdidas, pruebas, tentaciones, tristeza, angustia y traición porque vivimos en un mundo caído. Al igual que tú, yo debo escoger todos los días recordar quién soy, por qué estoy aquí y adónde me dirijo para no seguir mirando atrás y atascándome en todo tipo de lugares. También yo debo tomar en serio las palabras de Jesús y acordarme de la mujer de Lot.

> Saber lo que me espera en mi hogar celestial es lo que me impulsa aquí en la tierra.

No es fácil seguir avanzando, pero saber que el mismo poder que levantó de los muertos a Jesús mora en nosotros vuelve posible enfrentar lo que sea aquí en la tierra.[39] No es necesario detenernos; no es necesario darnos por vencidos; no es necesario atascarnos. Sé que el mundo ha cambiado, pero nuestro Dios no cambia.[40] Sé que, a menudo, la vida nos decepciona, pero Dios es siempre fiel.[41] Sé que los obstáculos parecen insuperables, pero mayor es el que está en nosotros que el que está en el mundo.[42] Sé que estamos rodeados de tinieblas, pero nuestro Dios es luz y, en Él, no hay tinieblas.[43] Sé que puede parecer imposible, pero con Dios, todas las cosas son posibles.[44] Sé que a menudo nos sentimos solos, pero Dios nos promete que nunca nos dejará ni nos desamparará.[45] Sé que podemos sentirnos débiles, pero en ese momento, su poder se perfecciona en nosotros.[46] Dios nos ha puesto aquí en este planeta, en esta época, para dar mucho fruto y gloria para Él.[47] Él nos ha dado el poder de su Espíritu Santo para que podamos correr la carrera y llegar a la meta para alabanza de su nombre.

Amigos, estoy convencida de que si la mujer de Lot hubiera respondido a su momento de decisión a través de los ojos de la eternidad, habría elegido algo diferente. Acordémonos de la mujer de Lot; elijamos de forma diferente. Al correr la carrera de esta vida y llegar a la meta que Dios nos ha dado, mantengamos nuestros ojos puestos en Jesucristo, el autor y consumador de nuestra fe.[48] Corramos hacia adelante en esperanza y con esperanza, con nuestros ojos puestos en Dios y en el bien que Él tiene para nosotros porque recordamos que, aunque el mundo cambia, Dios no lo hace. Corramos hacia adelante, con nuestros ojos puestos en Dios y en el bien que Él tiene para nosotros porque confiamos en Él y en su bondad, porque sabemos que hemos sido enviados y comisionados por el Rey de los cielos, porque nos ha dado su gracia para seguir avanzando. Corramos con nuestros ojos puestos en Dios y en el bien que Él tiene para nosotros porque sabemos que nuestro poco no es una limitación en las manos ilimitadas de nuestro Dios; porque somos fortalecidos en su gracia a través de los compañeros de carrera que Él nos da; porque Él suple todo lo que necesitamos para cumplir lo que Él nos ha llamado a hacer hoy. Corramos con nuestros ojos puestos en

Dios y en el bien que Él tiene para nosotros porque nuestro corazón lo anhela a Él, su gloria y sus propósitos y nuestro hogar eterno. Crucemos la línea de meta de esta vida, a toda velocidad hacia la eternidad, para su gloria. Que nuestra vida demuestre que hemos hecho lo que Jesús ordenó: ¡Acuérdense de la mujer de Lot!

AGRADECIMIENTOS

Estoy agradecida por el equipo increíble que me ayudó a poner este libro en tus manos. En verdad, creo que juntos somos mejores y este libro es un testimonio de esto.

A mi esposo, Nick: Nadie me ama, me apoya, me alienta ni cree en mí tanto como tú. Tu amor por Jesús, por nuestra familia y por su propósito para nuestra vida es el pegamento que sostiene todo esto. Te amo con todo mi corazón.

A mis hijas, Catherine y Sophia: Ser su madre es el gozo más grande de mi vida. Su honestidad directa hace que todo sea real. Su humor hace que todo sea divertido. Sus preguntas me hacen pensar. No hay nada como verlas crecer y florecer a medida que buscan el propósito de Dios en su propia vida. Las amo mucho a las dos.

A Elizabeth Prestwood: Estoy agradecida por tenerte junto a mí como escritora colaborativa. Después de trabajar en tantos libros juntas, hemos encontrado nuestro ritmo y nuestro paso, lo que convierte el arduo trabajo de escribir un libro en un gran gozo. No quisiera hacer esto sin ti y estoy sumamente agradecida por ti y contigo.

A Rebekah Layton: Este libro no sería lo que es sin ti. Gracias por revisar cada capítulo. Tus ideas y tus contribuciones marcaron toda la diferencia y tu entusiasmo y compromiso con este proyecto me ayudaron a seguir avanzando aun cuando creía que no podía hacerlo. Eres un regalo para mí.

A Lysa TerKeurst: Gracias por caminar conmigo en las fases iniciales de este libro. Y gracias por todas las ideas que tú y tu equipo contribuyeron para ayudar a mejorar este libro. Tus ideas, perspectivas, inspiración y sugerencias fueron invaluables. Nunca podría agradecerte suficiente por la amistad que compartimos. Te amo en Cristo.

A Julia, Slava, Liliia, Yuliia, Nadiia, Mi Yung, Andreas, Tony, Rhiannon, Barbara, Laura, Martin, Darren, Szymon, Kinga, Kamil, Ania, Dawn y Angie: Gracias por el privilegio de permitirme incluir sus historias. Son una inspiración para todos nosotros.

Al equipo en Thomas Nelson: Tim Paulson, Janet Talbert, Andrew Stoddard, Brigitta Nortker, Kristen Golden, Brian Scharp, Lisa Beech, Claire Drake, Sarah Van Cleve, Meg Schmidt, Mallory Collins, Stacey Altemari, Madeleine Kyger y a todos los de ventas: Gracias por hacer que otro libro más se concrete. Cada uno de ustedes derramó su corazón y su alma en este proyecto con gran pasión. *Janet,* eres una editora sumamente alentadora. Tu entusiasmo me inspira.

A Matt Yates: Gracias por creer en el mensaje de este libro y por animarme durante todas sus fases de producción. Tu sabiduría y tus años de experiencia son invaluables. Eres un regalo enorme para Nick y para mí. Gracias por estar en nuestro mundo.

A nuestros equipos, voluntarios, socios y patrocinadores de A21, Propel, Iglesia Zoe y Equip & Empower: Servir a Jesús a su lado ha sido el privilegio y honor más grande en mi vida. Gracias por siempre estar dispuestos a compartir sus historias. Cambiemos juntos al mundo. Los amo a todos muchísimo. Un agradecimiento especial para *Katie Strandlund Francois* que siempre trabajó de forma incansable para asegurarse de que todas las piezas de este libro encajaran.

A mi Señor y Salvador, Jesucristo: Tú eres la razón por la que nunca podría olvidarme de la mujer de Lot, la razón por la que no puedo mirar atrás, la razón por la que seguiré avanzando hasta llegar a casa.

NOTAS

INTRODUCCIÓN

1. Génesis 19:26
2. Juan 12:26
3. Deuteronomio 31:8
4. Hebreos 13:5
5. Hebreos 12:2
6. Juan 16:33

CAPÍTULO 1: EL MUNDO SIEMPRE ESTÁ CAMBIANDO, PERO DIOS ES EL MISMO

1. «Greek Immigration to Australia», Diaspora Travel Greece, consultado el 20 de noviembre del 2022, https:// diasporatravelgreece.com/a-timeline-of-greek-immigration-to-australia/; Nikki Henningham, «Greece Born Community of Australia», Australian Women's Register, modificado por última vez el 20 de noviembre del 2018, https://www.womenaustralia.info/biogs/AWE2134b.htm.
2. Éxodo 13:21
3. Asha C. Gilbert, «Reports: Ukraine Bans All Male Citizens Ages 18 to 60 from Leaving the Country», *USA Today*, 25 de febrero del 2022, https://www.usatoday.com/story/news/world/2022/02/25/

russia-invasion-ukraine-bans-male-citizens-
leaving/6936471001/.

4. Kaia Hubbard, «Here Are 10 of the Deadliest Natural
Disasters in 2020», *US News and World Report*, 22 de
diciembre del 2020, https://www.usnews.com/news/
best-countries/slideshows/here-are-10-of-the-deadliest-
natural-disasters-in-2020?slide=12.

5. Michelle Stoddart, «Cicada Invasion: After 17 Years
Underground, Billions to Emerge This Spring», ABC News,
10 de abril del 2021, https://abcnews.go.com/Politics/cicada-
invasion-17-years-underground-billions-emerge-spring/
story?id=76921532.

6. Frank Jordans y Pan Pylas, «Detentions, Injuries at
Anti-Racism Protests Across Europe in Solidarity with
US», Times of Israel, 7 de junio del 2020, https://www.
timesofisrael.com/detentions-injuries-at-anti-racism-
protests-across-europe-in-solidarity-with-us; Savannah
Smith, Jiachuan Wu y Joe Murphy, «Map: George
Floyd Protests Around the World», NBC News, 9 de
junio del 2020, https://www.nbcnews.com/news/world/
map-george-floyd-protests-countries-worldwide-n1228391.

7. Hebreos 13:8

8. Génesis 19:26

9. Lucas 17:32

10. Jeremy Thompson, ed., *Lists of Biblical People, Places, Things,
and Events* (Bellingham, WA: Faithlife, 2020).

11. Mateo 26:13

12. Génesis 19:26

13. Diccionario de la RAE, *añorar / añoranza*. Consultado 2 mayo
del 2023. https://dle.rae.es/añoranza?m=form

14. Génesis 13:6

15. Lauren Martin, «Science Behind Nostalgia and Why

Weʼre So Obsessed with the Past», Elite Daily, 17 de julio del 2014, https://www.elitedaily.com/life/science-behind-nostalgia-love-much/673184.

16. Martin, «The Science Behind Nostalgia».
17. Stephanie Butler, «Off the Spice Rack: History of Salt», History.com, actualizado el 22 de agosto del 2018, https://www.history.com/news/off-the-spice-rack-the-story-of-salt.
18. Mateo 5:13
19. Traducción de la definición del término *linger* [quedarse; procrastinar] tomada del diccionario *Merriam-Webster*, consultado el 19 enero del 2023, https://www.merriam-webster.com/dictionary/linger.

CAPÍTULO 2: PREPARA TU CORAZÓN PARA AVANZAR

1. Eclesiastés 3:1-8, énfasis añadido
2. Josué 1:1-2
3. Números 20:29
4. 2 Samuel 11:26-27
5. Génesis 50:3
6. Deuteronomio 21:13; 1 Samuel 31:13
7. Isaías 61:3
8. Génesis 37:34-35
9. 1 Samuel 16:1
10. Jeremías 29:11
11. Apocalipsis 21:4
12. Salmos 34:18
13. Salmos 73:26

CAPÍTULO 3: AVANZA PORQUE SOMOS QUIEN DIOS DICE QUE SOMOS

1. «Case Study: Human Dignity and Forced Adoption in Australia», Australian Catholic University, 2014, https://leocontent.acu.edu.au/file/95ea2ae3-7e9d-48e2-b904-6e1bc5494663/16/Case_Study_Forced_Adoptions.pdf; Amber Jamieson, «Stories from the Mothers Who Had Their Babies Taken Away», *Crikey*, 1 de marzo del 2012, https://www.crikey.com.au/2012/03/01/forced-adoption-stories-from-the-mothers-who-had-their-babies-taken-away/.

2. Emily Ackew, «Brené Brown Explains the Misconception Around Feelings of Guilt and Shame», *ABC News*, 1 de diciembre del 2021, https://www.abc.net.au/news/2021-12-02/brene-brown-ted-talk-emotions-shame-guilt-misconceptions-covid19/100669362.

3. «Illegitimacy», The Adoption History Project, consultado el 21 de noviembre del 2022, https://pages.uoregon.edu/adoption/topics/illegitimacy.htm.

4. Katherine Fenech, «Tears and Cheers as WA Apologises to Unwed Mums», WA Today, 20 de octubre del 2010, https://www.watoday.com.au/national/western-australia/tears-and-cheers-as-wa-apologises-to-unwed-mums-20101019–16sf8.html; «We're Sorry: South Australia to Apologise for Forced Adoption», *Newcastle Herald*; Katy Gallagher, «Forced Adoption—Apology», Legislative Assembly of the Australian Capital Territory: 3067-77, 14 de agosto del 2012; «Hundreds to Turn Out for Forced Adoptions Apology in NSW», News.com.au, 20 de septiembre del 2012; «Apology for Forced Adoption Practices», Parlamento de New South Wales, 20 de septiembre del 2012; «Baillieu Apologises for Forced Adoption», *Sky News*, 26 de octubre del 2012; «Tas to Apologise over Forced Adoptions», Australian Broadcasting

Corporation, 6 de agosto del 2012; «Queensland Government to Apologise for Past Forced Adoptions», comunicado de prensa, Gobierno de Queensland, 23 de agosto del 2012.

5. Natalie Lynn, «20 Glorious Scriptures About God's Love», Bible Verses for You, 6 de enero del 2022, https://bibleversesforyou.com/scriptures-about-gods-love/#:~:text=How%20Many%20Times%20Does%20God,New%20Testament%20in%20the%20KJV.

6. 1 Juan 3:1

7. 1 Juan 1:5

8. Números 23:19; Tito 1:2; Hebreos 6:18

9. Juan 3:16

10. Gálatas 4:4-7

11. 1 Corintios 9:24-27; Hebreos 12:1

12. 1 Pedro 5:8

13. Salmos 34:18

14. Génesis 39

15. Génesis 50:20

16. Éxodo 3:7-8

17. Inspirado por la publicación en Instagram del doctor Joel Muddamalle (@muddamalle) del 16 de mayo del 2022.

CAPÍTULO 4: AVANZA PARA CRECER

1. «The Great Hall», University of Sydney, https://www.sydney.edu.au/engage/visit/places-of-interest/great-hall.html.

2. Robert B. Sloan Jr., «Disciple», en *Holman Illustrated Bible Dictionary* (Nashville, TN: Holman Bible Publishers, 2003), 425; Real Academia Española, (s. f.), discípulo, en *Diccionario de la lengua española*, consultado el 6 de marzo del 2023, https://dle.rae.es/discípulo.

3. Mateo 28:19-20

4. «Growth Mindset», *Psychology Today*, consultado el 21 de

noviembre del 2022, https://www.psychologytoday.com/us/
basics/growth-mindset.

5. «5 Scriptures to Cultivate a Spiritual Growth Mindset»,
Robin Revis Pyke, 28 de abril, 2022, https://robinrevispyke.
com/2021/04/28/5-scriptures-to-cultivate-a-spiritual-growth-
mindset/.

6. «5 Scriptures»; Real Academia Española, (s. f.), mentalidad, en
Diccionario de la lengua española, recuperado el 6 de marzo
del 2023, https://dle.rae.es/mentalidad?m=form.

7. «5 Scriptures».

8. «5 Scriptures».

9. «5 Scriptures»; Real Academia Española, (s. f.), mentalidad.

10. Gálatas 5:22-23

11. Filipenses 3:12-14

12. 2 Timoteo 4:7

13. Salmos 92:12-15, énfasis añadido

14. Giovanna Distefano y Bret H. Goodpaster, «Effects of
Exercise and Aging on Skeletal Muscle», *Cold Spring Harbor
Perspectives in Medicine* 8, no. 3 (marzo del 2018): a029785,
https://www.ncbi.nlm.nih.gov/pmc/articles/PMC5830901/.

15. Oliver Page, «How to Leave Your Comfort Zone and Enter
Your "Growth Zone"», Positive Psychology, 4 de noviembre
del 2020, https://positivepsychology.com/comfort-zone/.

16. Juan 15:16

17. Romanos 12:2

CAPÍTULO 5: TOMA RIESGOS Y AVANZA DE NUEVO

1. 1 Reyes 18:1-2

2. 1 Reyes 18:41-42

3. 1 Reyes 18:43

4. 1 Reyes 18:43-44

5. 2 Corintios 5:7

6. 2 Timoteo 1:7
7. 1 Timoteo 6:12
8. Traducción de la definición del diccionario Merriam-
   Webster, termino *again* (adv.) [de nuevo, otra vez], consultado
   el 20 de enero del 2023, https://www.merriam-webster.com/
   dictionary/again; y Google's English Dictionary de Oxford
   Languages, término *again* (adv.), https://www.google.com/
   search?q=again&rlz=1C5CHFA_enUS819US819&oq=again
   &aqs=chrome.0.69i59j69i57l2j69i60l5.857j0j7&sourceid=
   chrome&ie=UTF-8.
9. 1 Reyes 18:41
10. Hebreos 11:1
11. Romanos 4:17-18
12. 2 Timoteo 4:7
13. Mateo 25:23

CAPÍTULO 6: AVANZA CON LO QUE TIENES

1. Lucas 9:62
2. 1 Samuel 14:6
3. Éxodo 4:1-3
4. Josué 2:15-17
5. 1 Samuel 17:40
6. 2 Reyes 4:1-7
7. Mateo 10:42
8. Marcos 6:20-52
9. Juan 6:1-13
10. Zacarías 4:10, NTV
11. 2 Corintios 2:11
12. 1 Reyes 17:12-14
13. Marcos 12:43-44
14. Real Academia Española, (s. f.), procrastinar, en *Diccionario*

de la lengua española, consultado el 6 de marzo del 2023, https://dle.rae.es/procrastinar.

15. 1 Reyes 17:15-16
16. Lucas 17:6
17. Lucas 16:10
18. 1 Reyes 17:13
19. 1 Corintios 3:6-8

CAPÍTULO 7: NO AVANCES SOLO

1. Eclesiastés 4:9-10
2. Gálatas 6:2
3. Romanos 12:13
4. 1 Tesalonicenses 5:14
5. Romanos 12:15; «You Can't Do Life Alone», Northstar Church, 3 de diciembre del 2015, https://northstar.church/you-cant-do-life-alone/; Christina Fox, «Don't Go It Alone, God Made Us for Community», Christianity.com, 8 de agosto del 2022, https://www.christianity.com/wiki/christian-life/don-t-go-it-alone-you-were-made-for-community.html.
6. Éxodo 17:11-13
7. Rut 1:16-17
8. Rut 4:16-17
9. 1 Samuel 18:1
10. 1 Samuel 20:41
11. Steve Walton, «Corinth in Acts: Paul's Financial Support», Bible Odyssey, consultado el 22 de noviembre del 2022, https://www.bibleodyssey.org/places/related-articles/corinth-in-acts-pauls-financial-support/.
12. «Paul's Ministry Team», Canadian Bible Guy, consultado el 22 de noviembre del 2022, https://canadianbibleguy.com/2017/09/18/pauls-ministry-team/.
13. «Paul and His Collaborators», Seminario internacional sobre

San Pablo, 19 al 29 de abril del 2009, https://www.paulus.
net/sisp/doc/Wawa_eng.pdf; «The Companions of Paul
& Biblical Persons Related to Paul», Christian Pilgrimage
Journeys, consultado el 22 de noviembre del 2022, https://
www.christian-pilgrimage-journeys.com/biblical-sources/
apostle-paul-life-teaching-theology/companions-of-paul/;
Romanos 16:1-16.

14. Filipenses 2:19-22; Kelli Mahoney, «Examples of Friendship
in the Bible», Learn Religions, 25 de junio del 2019, https://
www.learnreligions.com/examples-of-friendship-in-the-
bible-712377; «Paul and Timothy», Seminario Teológico
Fuller, consultado el 22 de noviembre del 2022, https://www.
fuller.edu/next-faithful-step/resources/paul-and-timothy/.

15. Marcos 6:7; Lucas 10:1

16. Mateo 17:1; «Why Did Jesus Choose Peter, James, and John
to Be His Inner Circle?», Got Questions, consultado el 22 de
noviembre del 2022, https://www.gotquestions.org/Jesus-
inner-circle.html.

17. Juan 13:23; 21:7

18. Juan 19:26

19. Lucas 8:1-3

20. Lucas 8:1-3; Mateo 27:55-56

21. Lucas 10

22. Juan 12:1-3; Aubrey Coleman, «How Jesus Modeled True
Friendship», *Daily Grace* (blog), consultado el 22 de
noviembre del 2022, https://thedailygraceco.com/blogs/
the-daily-grace-blog/how-jesus-modeled-true-friendship.

23. Juan 11:3

24. Juan 11:21, 32; Mahoney, «Examples of Friendship in the
Bible».

25. Mahoney, «Examples of Friendship in the Bible».

26. Juan 15:13-16

27. Juan 15:5
28. Efesios 4:15; Rachel Prochnow, «10 Qualities of Godly Friend», Rachel Prochnow, 22 de enero del 2020, https://rachelprochnow.com/10-qualities-of-godly-friend/.
29. Proverbios 17:17
30. Proverbios 27:17
31. Hebreos 10:24-25
32. Marcos 2:3-5, 11-12
33. Jennie Allen, *Find Your People: Building Deep Community in a Lonely World*, 1ra ed. (Colorado Springs: WaterBrook, 2022), p. 23.
34. Allen, *Find Your People*.
35. Génesis 1:27
36. Allen, *Find Your People*.

CAPÍTULO 8: LEVÁNTATE Y AVANZA: LAS COSAS CAMBIAN CUANDO NOSOTROS CAMBIAMOS

1. Jueces 5:7
2. Bible Sense Lexicon / Holman Concordance.
3. Real Academia Española, (s. f.), levantar, en *Diccionario de la lengua española*, recuperado el 6 de marzo del 2023, https://dle.rae.es/levantar?m=form.
4. Real Academia Española, (s. f.), postura, en *Diccionario de la lengua española*, recuperado el 6 de marzo del 2023, https://dle.rae.es/postura?m=form.
5. Real Academia Española, (s. f.), encorvar, en *Diccionario de la lengua española*, recuperado el 6 de marzo del 2023, https://dle.rae.es/encorvar#F9i4o4B.
6. Efesios 6:12
7. Efesios 6:11-13
8. 1Timoteo 6:12
9. Hebreos 12:1-2

10. Efesios 5:14
11. Efesios 6:13
12. 1 Corintios 6:19
13. Romanos 12:2
14. Filipenses 4:8
15. «Ezekiel 16:49», Bible Study Tools, https://www.
    biblestudytools.com/commentaries/gills-exposition-of-the-
    bible/ezekiel-16-49.html.
16. Ezequiel 16:49-50
17. 2 Corintios 1:3-6
18. Éxodo 3
19. Josué 1:2
20. Jueces 6
21. 1 Samuel 16:12
22. 1 Reyes 17:9
23. Jeremías 18:1
24. Ester 4
25. Nehemías 2
26. Marcos 5:41
27. Lucas 7:14
28. Marcos 3:3
29. Juan 5:8
30. Juan 5:17
31. Romanos 6:10-11
32. Efesios 2:10

CONCLUSIÓN: AVANZA CON TU MIRADA PUESTA EN CASA

1. Hebreos 13:14
2. 1 Pedro 2:11-12
3. John R. Spencer, «Sojourner», en *The Anchor Yale Bible Dictionary* (Nueva York: Doubleday, 1992), p. 103.

4. Hebreos 11:8-9, *Berean Literary Bible*.
5. «Visit the U.S.», U.S. Citizenship and Immigration Services, consultado el 22 de noviembre del 2022, https://www.uscis.gov/visit-the-us.
6. «Visit the U.S.».
7. «What Are the Benefits and Responsibilities of Citizenship?», USCIS.gov, consultado el 22 de noviembre del 2022, https://www.uscis.gov/sites/default/files/document/guides/Capítulo2.pdf.
8. Filipenses 3:20-21
9. Josué 13
10. Juan 6:38
11. Juan 5:19; 12:49; 14:31
12. James Strong, (s.f.), *teleióo* (G5056), *téleios* (G5046) en *Diccionario Strong de palabras griegas del Nuevo Testamento* (Caribe, 2002), p. 209.
13. Hechos 13:36
14. «Telos: Orienting Ourselves to God's Ultimate Purpose», The High Calling, consultado el 22 de noviembre del 2022, https://www.theologyofwork.org/the-high-calling/blog/telos-orienting-ourselves-gods-ultimate-purpose.
15. Hechos 20:24
16. 2 Corintios 5:20
17. «What Are the Roles of a Diplomat?», National Museum of American Diplomacy, 11 de octubre del 2022, https://diplomacy.state.gov/diplomacy/what-are-the-roles-of-a-diplomat/.
18. Hechos 11:26
19. 1 Corintios 15:55-56
20. Salmos 113:4-6; 139:7-10
21. Daniel 8:16; Lucas 1:26-38; Apocalipsis 12:7-12
22. Ezequiel 1:1-28

23. Isaías 65:21-22
24. Hebreos 12:1
25. Apocalipsis 21:4
26. Apocalipsis 7:15-17
27. Filipenses 3:21
28. Esta lista e ideas fueron inspiradas por el siguiente artículo: Russell Gehrlein, «What Will Work Be like in the New Heaven and Earth?», Institute for Faith, Work, and Economics, 12 de octubre del 2017, https://tifwe.org/what-will-work-be-like-in-the-new-heaven-and-earth/.
29. Apocalipsis 21:3
30. Apocalipsis 7:9-10
31. Apocalipsis 22:5
32. 1 Juan 2:17
33. Juan 14:2-3
34. Apocalipsis 22:1-3
35. Apocalipsis 7:15-17
36. Apocalipsis 21:18-21
37. Hebreos 11:40
38. 1 Corintios 9:24
39. Romanos 6:10-11
40. Números 23:19; Hebreos 13:8; Santiago 1:17
41. Salmos 33:4; 1 Corintios 1:19
42. 1 Juan 4:4
43. 1 Juan 1:5
44. Mateo 19:26; Marcos 10:27
45. Deuteronomio 4:31; 31:8; Hebreos 4:16
46. 2 Corintios 12:9-10
47. Juan 15:8
48. Hechos 20:24

ACERCA DE LA AUTORA

Christine Caine es una amante de Jesús, activista, autora y conferencista internacional nacida en Australia, aunque de sangre griega. Ella y su esposo, Nick, dirigen A21, una organización que lucha contra la trata de personas, así como Propel Women. Ellos y sus dos hijas viven en el sur de California.